KB058191

내가 논어에서
얻은 것

내가 논어에서 얻은 것

삶이 흔들릴 때
나를 잡아주는 힘

사이토 다카시 지음 · 박성민 옮김

시공사

이 책은 《논어》를 현대사회에 적용하여 새롭게 읽어보고자 하는 마음에서 시작되었습니다.

《논어》는 지금부터 약 2,500년쯤 전에 살았던 중국의 공자라는 인물의 언행을 기록한 책입니다. 서양의 《성서》에 필적할 만한 영향력을 지닌 동양 최대의 고전이지요. 중국의 지식인들은 물론 동양의 많은 지식인들이 이 책을 읽었으며, 현대인들도 비록 직접 읽은 적은 없더라도 거기에 담긴 정신만큼은 마음속 깊이 간직하고 있습니다.

그런데 정작 《논어》를 읽어보려고 할 때면 사실 조금은 마음에 부담이 생기는 것 같습니다. 그 첫 번째 이유는 《논어》의 문장 자체가 현대인들이 읽기에 다소 어렵기 때문입니다. 물론 처음부터 고대 중국어로 쓰인 글이니 대부분의 현대인들이 읽을 수 없는 것이 당연할 것입니다.

그래서 사람들은 논어를 조금이라도 쉽게 읽기 위해 여러 가지 시도를 했습니다. 일본에서는 훈독이라는 방법을 고안해내기도 했는데, 이는 한자를 나름대로 풀어서 읽는 것입니다. 예전에는 이 정도만 해도 대충은 의미를 이해했고, 혹여 의미를 알지 못했다고 해도 문장을 그대로 외워버렸습니다. 그런 식으로 일단 《논어》의 문장이 몸에 스며들도록 가르쳤던 것입니다.

하지만 이제는 더 이상 그런 식으로는 교육하지 않게 되었습니다. 《논어》를 아예 현대어로 바꾸어 풀이해놓은 글로 한자를 몰라도 쉽게 읽을 수 있게 되었기 때문입니다. 저 또한 《현대어역 논어》라는 책을 써서 사람들이 쉽게 《논어》를 익힐 수 있도록 도왔습니다.

그런데 현대어로 술술 읽을 수 있게 되었다고 해도 사실 《논어》라는 책은 한번 쓰윽 읽어보기만 해서는 좀처럼 그 재미를 맛보기 어려운 책입니다. 이렇다 할 정해진 스토리가 있는 것도 아닌데다 주제별로 편집되어 있지도 않습니다. 공자와 제자들이 주고받는 500편 정도의 대화는 무척이나 단편적이면서도 언뜻 보기에 참으로 무질서하게 뒤섞여 있는 듯이 보입니다.

하지만 몇 번을 거듭해서 읽다 보면 조금 다른 것이 보입니다. 공자의 말이 몸속으로 스며들면서 얼핏 보기에는 이리저리 흩어져 있던 단편들이 하나하나 살아나 '논어의 세계'가 마음속에 떠오르는 듯한 기분 좋은 상태를 느끼게 되는 거죠. 그렇지만 보통은 그런 기분을 채 느끼기도 전에 지루해지기 쉽습니다. 저는 이러한 사실이 너무나 안타깝습니다.

그래서 '《논어》를 읽으면서 이런 점에 더 주목해서 읽는다면 재미있지 않을까' 하는 생각이 떠올랐고, 그것을 여러분께 소개하고자 이 책을 쓰게 되었습니다.

이 책에서 저는 《논어》가 주는 생생한 느낌을 직접 경험할 수 있게 도와주는 주제를 선별했습니다. 관련된 어구도 가능한 한 많이 소개하려고 했는데, 어디까지나 이 책은 논어를 이해하기 위한 입문서입니다. 《논어》를 더 깊이 알고 싶으면 원문을 몇 번이든 반복해서 읽으면서 직접 그 자체의 세계로 들어가 보길 바랍니다.

이 책의 원제는 《논어력論語力》입니다. 제목을 이렇게 지은 이유는 《논어》가 매우 생동감이 넘치는 책이라는 것을 알려주고 싶었기 때문입니다. 《논어》 속에서 용솟음치는 힘을 느끼고 그것을 여러분이 직접 삶의 방식 또는 자신의 주변 환경으로 활용할 수 있기를 바랍니다.

《논어》에 관한 책은 이미 수없이 많습니다. 이 책을 쓸 때도 지금까지 소개된 《논어》와 관련된 여러 책들로부터 많은 영향을 받았습니다. 책 제목을 하나하나 다 이야기할 수는 없지만, 앞서간 선배님들에게 감사드립니다.

차
례

몸 밖으로
흘러넘치는
지혜

—

마음속 좋은 성질들을 서로 이을 때
비로소 인간의 균형이 잡힌다

—

《논어》는 얼핏 보면 아무런 맥락도 없는 말이나 에피소드가 뒤죽박죽 섞여 있는 책처럼 보인다. 형식적으로는 분명 그렇다고 볼 수 있지만, 이 책을 몇 번씩 거듭해서 읽다 보면 뜻밖에도 그 속에서 여러 말과 에피소드가 서로 '연결'되어 있음을 분명히 느낄 수 있다.

　《논어》 속에 여기저기 등장하는 말들은 사실 서로 매우 깊은 관련을 맺고 있다. 그 '연결법'을 실감하는 것이 바로 《논어》를 읽는 요령 중 하나다.

예를 들면 공자가 말하는 덕목에는 '인仁'이나 '의義' 또는 '용勇'과 같은 말들이 있는데, 그런 말들은 하나하나 따로 떨어져서 성립되는 것이 아니다. 그렇기 때문에 '의'란 무엇이고 '용'은 무엇인가 하는 식으로 하나하나를 독립적으로 생각하기보다 그 말들이 서로 어떤 연관성이 있으며 또 어떻게 연결되어 있는지 생각하면서 읽어야 한다. 그렇게 하면 훨씬 더 깊고 넓은 세계가 눈앞에 펼쳐진다. 이를 잘 알 수 있는 공자의 말이 있다.

"덕德은 외롭지 아니하다. 반드시 이웃이 있다."
－제4편 이인里仁

나는 이 말을 "여러 덕은 따로따로 고립되어 있지 않다. 각각은 틀림없이 서로 이웃하고 있으며, 하나를 몸에 익히면 그 옆에 또 하나의 덕이 따라올 것이다"라는 뜻으로 이해했다.

공자는 하나의 덕을 몸에 익히게 되면 또 다른 덕이 그것을 따라온다고 생각했다. 거꾸로 말하면 덕이란 서로 다른 것끼리 함께 묶어서 더 키워나가도록 몸에 익히지 않으면 의미가 없다는 말일 것이다.

현대인들은 하나의 덕목만 뽑아서 그것을 갈고닦아 특별히 빼어난 덕으로 지니는 편이 훨씬 좋지 않을까 하고 여길지도 모른다. 하지만 그것은 사실 바람직한 일이 아니다. 왜냐하면 거기에는 '균형'이 빠져 있기 때문이다.

'용(＝용기)'이라는 것은 매우 중요한 덕목이다. 하지만 그것은 '지·인·용'처럼 전체를 묶어서 생각해야 한다. '지'는 지성을 말하며 '인'이란 모든 것을 사랑하는 힘임을 먼저 생각해야 한다. 그 덕목들과 함께 묶어서 생각하지 않고 '용'만을 따로 놓고 본다면 위험할 수 있다.

우리는 인생에서 종종 이길 가능성이 없는데도 무모하게 승부를 가리려고 할 때가 있다. 상대방의 속마음은 헤아리지 않고 자신의 생각만 앞세운 채 행동해버리기도 한다. 이런 식이라면 '용'은 그저 무모함과 야만스러움을 부추길 뿐일 것이다. 그렇게 되지 않기 위해서는 균형 잡힌 감각을 지니는 것이 중요하다. 바로 그러한 주장이 《논어》 속에 자주 등장한다.

"인간의 내면에 자리 잡은 좋은 성질은 서로 이어져서 함께 커나가는 것이며 또 그렇게 키워나가야 한다." 공자는 그런 감각을 지니고 있었다.

서로 이어져 있는 것은 덕목만이 아니다. 상황 또한 서로 이어져 있다. 예수나 석가모니의 말도 그러하지만, 공자의 말은 어떤 특정 상황 속에서 들려주었던 말, 즉 그때그때 살아 있는 말이다.

그 순간에 살아 있는 말이 이렇게 이토록 보편적인 힘을 지니게 되었을까? 한편으로는 무척 신기하다는 생각이 든다. 왜냐하면 보통 책을 쓸 때 작가들은 단지 그때그때의 상황에만 들어맞는 것이 아니라 오랫동안 계속해서 남을 만한 표현이 뭘까 고심하며 단어나 문구를 선택하기 때문이다. 그 당시의 상황과는 살짝 거리를 두는 편이 오래 남을 수 있는 말이 되지 않을까 하고 생각하면서 말이다.

하지만 이와 다르게 성경이나 불전, 그리고《논어》처럼 인류역사 속에서 가장 오랜 생명력을 지니고 지금까지도 여전히 영향력을 미치는 책들을 보면 어떤 구체적인 상황 속에서 만들어진 말들이라는 것을 알 수 있다.

그리고 그 말들은 각각의 특수한 상황에서 떼어놓고 보더라도 마치 속담처럼 혹은 표어처럼 보편적인 지혜가 되어 사람들에게 깊은 감명을 전해준다. 예를 들어 '온고지신溫故知新'이라는 말이 있다. 이 말은《논어》에서 나온 말이다.

"오래되고 좋은 것을 분별하여 알면 새로운 것의 좋은 점도 알 수 있다溫故而知新. 그런 사람은 스승이 될 수 있다."
－제2편 위정爲政

이 말도 아마 어떤 특정한 상황에서 공자가 제자에게 했던 말일 것이다. 그런데 이 '온고지신'이란 말은 현대에 완전히 일상적으로 쓰는 말이 되었다. 애초에 어떤 상황에서 나온 말이었는지는 고사하고, 이것이 《논어》에서 유래된 말이라는 사실도 모른 채 널리 사용되고 있는 것이다. 그만큼 힘이 있는 말이다.

이렇게 고사성어가 된 말뿐이 아니다. 아끼던 제자 안회가 죽었을 때 공자는 이렇게 말했다.

"이 사람을 위해서 몸을 떨며 울지 않는다면 도대체 누구를 위해서 통곡한다는 말인가."
－제11편 선진先進

"하늘이 나를 멸하셨구나."
－제11편 선진

이 말들은 완전히 그 상황에 밀착되어 있음에도 불구하고 후

세 사람들의 마음속에 오래도록 강렬하게 남아서 지금까지도 영향을 미치고 있다.

그런 의미에서 보면 오히려 '상황과 연결되어 있다'는 것에 공자의 말이 지닌 생명력의 비밀이 숨겨져 있는 것이 아닐까 하는 생각이 든다. 끝이 보이지 않는 공자의 교육력, 본질을 꿰뚫는 그 말의 힘은 구체적인 상황 속에서 비로소 발휘되는 것이 아닐까?

물론 구체적이라 하더라도 본질에서 벗어난 것이라면, 또 지나치게 어떤 구체적인 상황에만 부합되어 보편성을 지니지 못하는 것이라면 시대를 초월하도록 남을 수는 없다.

그렇다고 해서 상황을 완전히 무시해버리고 보편적인 진리만을 말하려고 한다면 살아 있는 인간이 하는 말로서의 매력이 사라진다. 《논어》의 매력은 공자의 살아 있는 목소리가 생생히 들려오는 듯한 느낌으로부터 배어난다. 속담이 되어 후세에 전해질 만큼의 보편성을 지니는 그 말들에서 공자의 인격과 신체성(신체는 물론 몸을 통해 생겨나는 감정, 감각, 직감까지 포함한 것-옮긴이)이 생생히 떠오른다. 그것은 살아 있는 생명을 지닌 말이다.

거기에는 단지 논리뿐만 아니라 감정도 깃들어 있다. 보편적인 이치뿐만 아니라 상황 속에서 흔들리고 움직이는 감정과 힘이 말에 생명력을 부여한 것이다.

덕은 외롭지 아니하다. 반드시 이웃이 있다.

© 조규홍

—

모든 인간에게는
저마다의 가능성이 존재한다

—

'연결'이라는 주제를 통해 말하고 싶은 것은 공자가 언제나 제자들과 함께 있었다는 것, 또 공자의 말들은 제자들과 주고받은 대화 속에서 이루어졌다는 것이다. 《논어》는 공자의 독백을 기록한 책이 아니다.

　《논어》는 주로 공자가 제자들에게 들려준 말을 글로 옮긴 것이다. 또한 일방적으로 공자가 자신의 생각을 말한 것이 아니라 제자들이 던진 질문에 답을 하는 형식으로 구성되어 있다.

제자들은 공자의 대답에 감사하며 그것을 마음속에 소중히 새기고 익힌다. 그리고 각자의 삶 속에서 키워나간다. 《논어》의 말은 무엇보다 교육의 말이다. 그것이 가장 큰 줄기를 이룬다. 그저 순간순간 머리에 떠오르는 말을 들려주는 것이 아니며 그 속에 명확하고 강력한 방향성이 있다.

공자는 제자들이 이러이러한 인간이 되었으면 하고 바라는 마음이 있었다. 그리고 그런 마음의 밑바탕에는 '비록 평범한 사람일지라도 노력하면 성인聖人, 즉 이상적인 인간이 될 수 있다'는 생각이 깔려 있었다. 아무리 요임금과 순임금이 유교에서 이상형으로 삼을 만큼 전설적인 성인이라고 해도, 공자는 그토록 대단한 그들 역시 우리와 똑같은 인간이라고 생각했다.

《논어》의 밑바탕에는 그렇게 노력하는 마음과 인간의 가능성을 믿는 마음이 흐르고 있다. 그런데 제자들은 저마다 다른 성질을 가지고 있었다. 다르다기보다는 한 사람 한 사람의 성질이 들쑥날쑥하다고 말하는 편이 좋겠다. 좀 더 분명하게 말하자면 제자들마다 수준이 다르다는 말이다. 그렇다면 서로 대화를 주고받을 때도 저마다의 성향에 맞춰서 효과적인 답을 내놓아야 하는 것이 당연할 것이다.

물론 가장 중요한 줄기만큼은 흔들림이 없도록 단단히 붙들어 놓는다. 다만 눈앞에 마주한 한 사람 한 사람의 제자에게 정확하게 다다를 수 있는 말을 선택한다. 공자의 그런 모습을 잘 엿볼 수 있는 전형적인 예는 바로 다음과 같다.

자로子路가 공자에게 "남에게서 옳은 말을 들으면 그것을 곧바로 실행하는 편이 좋을까요?" 하고 묻자, 공자가 이렇게 답했다.
"집에 부모와 형제가 있을 테니 먼저 그 의견을 여쭤보아야 하느니라. 곧바로 실행하는 것은 좋지 않다."
염유冉有가 똑같은 질문을 공자에게 던졌다. 공자는 "옳은 일을 듣거든 곧바로 실행하여라."
그래서 공서화公西華가 물었다.
"스승께서는 어째서 두 사람의 질문에 달리 답하셨습니까? 저는 알 수가 없습니다."
그러자 공자가 말했다.
"염유는 소극적이기 때문에 기를 북돋아주었느니라. 또 자로는 무턱대고 나아가는 성질이 있으니 좀 누그러뜨리도록 그렇게 말한 것이다."

질문은 같다. 하지만 대답은 정반대였다.

요즘 같으면 "선생님이 학생들을 차별해요!" 하고 화를 내는 사람이 있을지도 모르겠다. 하지만 학생들의 개성이 다 제각각인데도 언제나 같은 말로 대답한다면 오히려 더 위험할 것이다. 좋지 않은 비유일지도 모르겠지만 각각 다른 병을 앓고 있는 사람에게 같은 약을 처방한다면 나쁜 결과가 나오는 것은 당연하다.

또 하나 내가 감탄한 것은 이렇게 대화를 주고받는 상황에서 공자는 그다지 골똘히 생각해서 대답하는 것처럼 보이지 않는다는 점이다. 공자는 마치 스르르 흘러나오듯 말을 한다. 그것을 보면 공자가 평소에도 제자 한 사람 한 사람을 꼼꼼히 지켜보고 있었음을 잘 알 수 있다.

뒤에 인용한 부분은 공자가 제자에게 조언하는 장면은 아니지만, 제자들의 저마다 다른 개성이 여실히 드러나 있는 데다 공자의 인격도 자연스럽게 느낄 수 있는 대목이다. 나는 개인적으로 이 부분을 무척 좋아한다.

안회와 자로가 옆에 있을 때 공자가 말했다. "너희들이 뜻하는 바를 말해 보아라."

자로가 답했다. "제 마차와 털외투를 벗과 함께 나누며, 설령 벗이 그것을 망가뜨렸다 해도 그것을 원망하지 않는 사람이 되고 싶습니다."

안회가 말했다. "제가 옳은 일을 했다고 해서 뽐내지 않으며 남이 힘들어하는 일을 강요하지 않는 사람이 되고 싶습니다."

자로가 "부디 스승님의 뜻하시는 바를 들려주십시오" 하고 묻자, 공자가 이렇게 답했다.

"노인이 안심할 수 있는 사람, 벗이 믿을 수 있는 사람, 젊은이가 따를 수 있는 사람이 되고 싶구나."

– 제5편 공야장公冶長

공자는 "내가 뜻하는 바는 바로 이것이다!" 하고 불특정 다수에게 자신의 주장을 강하게 표명하지 않는다. 안회나 자로와 같이 자신이 가장 사랑하는 제자들과 대화를 나누며 공자는 자연스럽게 자신이 목표로 하는 뜻을 나타내고 있다. 마치 그 자리에서 물 흐르듯 술술 흘러나온 말이지만, 참으로 자연스럽고 잘난 체하지도 않으며 따뜻하고 구체적이기까지 하다.

이처럼 《논어》의 말은 제자들과 각각의 상황이 '연결'되면서 생겨났다. 또 거기에 나타난 덕목의 내용은 다른 말들과 함께 얽히면서 더더욱 풍부한 세계를 만들어나간다.

앞에서 《논어》는 제자들을 상대로 주고받은 말을 기록한 것이라고 했다. 그런데 그 방식에 대해서는 한 가지 염두에 두어야 할 점이 있다. 바로 당시의 사상이라고 하는 것은 현재와 같이 체계를 갖추어 정리하여 책으로 나올 수 있는 성격의 것이 아니었다는 사실이다.

그렇기 때문에 《논어》에서 말하는 '학문'을 물리학이나 화학 또는 역사학이나 언어학 같은 현재의 학문으로 상상하면서 읽게 되면 중요한 부분을 오해할 수 있는 여지가 많다. 물론 이 말은 당시의 학문 수준이 낮았다거나 체계를 갖출 만한 정도에 이르지 못했다는 뜻이 아니라, 학문이 지향하는 바가 지금과는 달랐다는 뜻이다.

—
사상이 되어버린 한 인간에게
인생을 배우다
—

공자의 학문이 지니는 가장 큰 주제는 '더 나은 삶을 사는 것'이다. 따라서 그 학문이 전하는 말은 단순히 머릿속의 지식으로 축적되기만 한다면 별 의미가 없을 것이다. 각각의 덕목이 영양소 혹은 효소가 되어 몸속으로 들어와 내 존재 자체를 형성해가지 않으면 안 된다.

그런데 그 영양소라는 것은 아무래도 책의 형태로만 전해질 경우 남는 것도 없이 쉽게 빠져나가버릴 수 있다. 그렇게 되는 것을 막으려면 책이 아닌 어떤 형태를 통해 전하면 좋을까? 나는 사상을 구체적으로 나타낼 수 있는 '인간'을 통하는 것은 어떨까 하고 생각한다. 좀 더 구체적으로 말하자면, 그 존재 자체로 사상이 되어버린 한 인간을 통해서라고 할까?

현대사회에서라면 학문보다 스포츠를 예로 든 설명이 더 쉽게 와 닿을 것 같다. "좋은 플레이가 무엇일까?" 또 "그것은 어디서 배울 수 있을까?" 하고 묻는다면 많은 사람들은 "그거야 그 플레이 자체에서 배워야죠"라고 답할 것이다. 그 스포츠에서 플레이를 하는 선수 또는 플레이 그 자체를 통하지 않으면 그 어디에서도 '플레이의 본질'을 찾을 수는 없다.

'바로 이것이 좋은 플레이다.' 이런 문구가 쓰여 있는 책을 읽는 것이 나름대로 도움을 줄 수 있을지는 모르지만, 그 책 자체가 스포츠의 본질이라고 말하는 사람은 아무도 없을 것이다. 본질은 플레이 그 자체이기 때문이다.

야구선수 스즈키 이치로의 배팅은 스포츠의 본질이다. '원바운드된 공을 치는 것은 좋지 않다'라는 이론이 책에 쓰여 있다고 해서 이를 기준으로 이치로의 배팅이 본질에서 벗어났다고 말한다면 아마도 그건 터무니없는 소리일 것이다. 중요한 것은 바로 이치로 선수가 배팅하는 법이다.

당연히도 야구의 배팅은 물론 스포츠에서 볼 수 있는 거의 모든 플레이는 한 회 한 회 달라진다. 그렇기 때문에 사람에 따라서는 이런 식으로 시시각각 변화무쌍하게 변하는 것을 '본질'이라고 부르는 데 위화감을 느끼기도 할 것이다.

"아니, 그게 어떻게 플레이의 본질이야? 그리고 플레이의 본질이란 게 어디 있어? 그냥 플레이 하나하나가 그때그때 다른 형태로 표현되는 거지." 이렇게 생각할 수도 있다. 하지만 조금 무리해서 말하자면 '그 한 번 한 번의 말이나 플레이가 바로 그 본질'이라고 생각하는 편이 훨씬 더 실제에 가까운 것이 아닐까?

그저 책에 쓰여 있는 말을 읽는 것보다 살아 움직이는 인간을 직접 접하는 편이 훨씬 더 강렬한 힘을 얻을 수 있는 것도 사실이다. 마치 '거울뉴런mirror neuron(이 뉴런은 다른 사람의 몸짓이나 말을 자신이 직접 하는 것처럼 느끼게 만드는 것으로 알려져 있다-옮긴이)'이 활성화되듯이 우리는 그 살아 움직이는 인간에게 영향을 받고 감화되어간다.

인격이 존재함으로써 힘이 전달되는 경우가 있다. 사실 이 말은 그다지 특별하지도 신비롭지도 않다. 왜냐하면 실제로 우리가 일상생활 속에서 경험하고 있는 일이기 때문이다.

예를 들면 아이들이 소란을 부리고 야단법석을 떠는 교실 안으로 선생님 한 명이 매우 점잖고 단호한 태도로 들어간다. 단지 그 모습만으로도 교실은 질서를 되찾고 다시 배움의 장소로 되돌아간다. 이런 예는 사실 우리 주변에서 흔히 볼 수 있다. 인간 한 사람의 존재가 지니는 감화력이란 이처럼 참으로 대단하다.

공자는 자신이 이상으로 삼는 길이 중국에서는 실현될 수 없다는 사실에 탄식하며 그렇다면 차라리 동방의 이민족이 사는 땅으로 가서 살겠노라고 말했다. 그러자 어떤 이가 이렇게 말했다. "그런 수준이 낮은 비천한 땅으로 가서 어쩌려고 그러십니까?" 그때 공자는 이렇게 대답했다.

"군자가 그곳에 살면 무엇이 비천할 게 있겠느냐?"
-제9편 자한子罕

이는 '군자, 즉 나에게는 감화력이 있으니 땅의 수준이 자연히 그에 따라 높아질 것이다'라는 뜻이다. 훌륭한 선생이 부임한 뒤 엉망진창이던 교실 분위기가 차분해지는 것과 같은 이치라고 할 수 있다.

공자의 학문은 이렇게 인간과 인간 사이의 감화력 속에서 갈고 닦이고 몸에 익혀 전해지는 것이다. 또한 그 학문이 성과를 발휘하는 순간은 바로 인간을 감화시킬 때이다.

그렇기 때문에 책에 쓰여 있는 지침이 아니라 '대화'로써 학문한다. 공자는 《시경詩經》이라는 책을 그대로 읽기보다 새롭게 해석하여 마음을 울릴 수 있도록 읽는다. 그것이 바로 공자가 생각하는 학문이다.

《논어》는 분명 살아 있는 인간 그 자체도, 대화 그 자체도 아니다. 문자로 기록된 말을 모아 엮은 책이다. 하지만 단편적이면서도 언뜻 보기에 다가가기 어려워 보이는 이 책을 읽어 내려가다 보면, 어느새 우리는 조금씩 그 속에 담긴 공자나 제자들의 인간상과 그 상황이 생생하게 살아서 떠오르는 듯한 느낌을 받게 된다. 그리고 되풀이해서 계속 읽으면 나 자신과 《논어》 사이에 대화가 이루어지는 듯한 느낌도 받는다.

《논어》는 그런 식으로 독자와 끈을 이어가면서 계속해서 살아나는 고전이다.

—

배움을 얻으려는 사람에게
자격이나 관문을 요구해서는 안 된다

—

공자와 제자들은 배움의 공동체를 만들었다. 하지만 그것을 현재에 비추어 '학교 같은 곳'이라고 말할 수는 없다.

등장하는 인물들도 딱히 정해져 있지 않은 데다 장소도 계속 바뀌기 때문에 이동식 '학당'쯤으로 생각하는 편이 실제 모습에 더 가깝다. 공자의 학당은 자유롭게 드나들 수 있고, 배움은 적극성과 주체성을 전제로 한다. 그러다 의욕을 잃으면 제자들은 공자를 떠나고 자연스럽게 멀어진다.

　이렇게 느슨한 집단이 하나의 단단한 덩어리가 되어 제 기능을 발휘하기 위해서는 중심이 되어 이끌어주는 사람이 꼭 필요하다. 공자는 바로 그런 형의 인물이었다. 공자의 학당은 단단한 그물처럼 서로가 얽매여 있는 곳이 아니었다. 제자들이 일정한 거리를 유지하면서 공자라고 하는 태양이 이끌어주는 대로 그 주위를 빙빙 돌고 있는 모습과 비슷했다.

　《논어》를 읽고 있으면 그 배움의 장이 얼마나 개방적이며 바람이 술술 드나들 듯 자유롭게 의견 교환이 이루어지는 곳인지 잘 느낄 수 있다. 공자의 제자가 되는 데에, 또는 가르침을 받는 데에 따로 특별한 자격이 필요했던 것 같지는 않다.

　공자가 말했다.

　"나에게 가르침을 구하러 오는 사람이 가져온 선물 중 가장 약소한 것이 말린 고기 열 점이었다. 그것만 있으면, 즉 최소한의 '예禮'를 갖춘 사람이라면 내가 가르침을 전하지 않았던 적이 없다."

　-제7편 술이述而

이렇게 누구든 직접 공자의 가르침을 받을 수 있었다. 다음과 같은 일화도 있다.

호향이라는 지방은 풍기가 문란하고 선善에 대해 말하기가 어려운 곳인데, 어느 날 그 지방에 사는 아이 하나가 공자의 가르침을 받으러 찾아왔다. 당황한 제자들에게 공자는 이렇게 타일렀다.
"배우려는 자세가 없다면 어쩔 수 없지만, 가르침을 받으러 스스로 찾아온 것은 훌륭한 일이 아니냐. 그런데도 그 지방에 대한 선입견 때문에 의심하는 것은 매우 좋지 않다. 환경이나 과거는 묻지 않겠다. 몸과 마음을 깨끗이 하고 찾아오는 사람이라면 내가 도움이 되어줄 것이다."
-제7편 술이

이를 통해 생각해보면 《사기史記》의 〈공자세가孔子世家〉에서 공자에게는 제자가 3,000명이 있었다고 한 말도 꼭 과장되었다고 할 수는 없다. 실제로 공자를 만나 가르침을 받은 사람이 그 정도 있었다고 해도 이상하지 않을 것이다.
공자의 제자는 자신들의 제자를 받기도 했다. 《논어》는 사실 공자의 직계 제자들이 기록한 것이 아니라 그 아래 세대의 제자들이 편집한 책이다. 그래서 공자의 제자인 증자曾子 같은 사람들도 스승으로 등장하는 부분이 있다. 공자에게서 직접 가르침을 받지 않은 제자들까지 공자를 스승의 스승으로 의식하고 있었을 정도이니 그 영향력이 무척 컸음을 짐작해볼 수 있겠다.

공자의 학당은 분명 누구나 가르침을 받을 수 있는 개방적인 장소였다. 하지만 그곳에서 다루는 교육 내용만큼은 분명 엘리트 지향적이었다. 공자는 당시 최고 수준의 지식인이었던 만큼, 학문의 수준이 최고인 것은 말할 것도 없었다. 그리고 그 학문의 내용은 앞으로 사회에서 지식인이 되어 정치나 행정 면에서 활약하는 인재를 양성하기 위한 것이었다.

실제로 이름난 제자들 중 많은 사람들은 정치가나 행정관으로서 상당히 높은 수준의 실무를 담당하고 있었던 것으로 보인다. 비록 공자는 자신이 원하는 위치에서 자신의 실력을 발휘할 수 있는 기회를 충분히 얻지 못했지만, 그의 가르침은 제자들을 통해서 사회에 많은 영향을 미쳤다.

공자의 영향력은 단지 후세대의 제자들이나 좁은 지역 행정에만 머무르지 않았다. 공자 이후에도 그의 영향을 받은 사상가들이 속속 등장했다. 100년 후에 나온 사람이 바로 맹자孟子다. 그의 사상은 《맹자》라는 책으로 정리되었는데 후에 유교의 중요한 경전인 사서四書 중의 하나가 되었다. 또 그 후에는 순자荀子도 등장한다. 그렇게 위대한 사상가들의 힘도 더해져 공자 사상의 흐름이 계속 이어졌다.

진나라는 통일을 통해 전국시대의 막을 내렸지만, 분서갱유焚書坑儒(주로 유교를 표적으로 한 사상 탄압)라는 후세에 악명 높은 정책을 펼치기도 했다. 하지만 진나라는 얼마 지나지 않아 멸망했으며, 그 뒤에 중국을 다스린 한나라가 드디어 유학을 국교화하면서 유학은 이후 중국의 가장 정통한 학문으로 자리 잡았다.

송나라 시대에는 장대한 우주론을 담은 주자학이 생겨났는데, 이것은 일본의 에도시대에 공식적인 학문이 되었다. 물론 맹자나 국교화된 유학 또는 주자학이 공자의 학문 그 자체는 아니다. 그것들은 독자적인 사상으로 발전하기도 했다. 하지만 그렇다고 해도 《논어》라고 하는 원천은 매우 강렬하여 그 밑바탕에 언제나 그 힘이 잠재되어 있다. 또 그것은 때때로 현실사회를 움직이기도 한다.

일본의 메이지유신을 이룬 가장 중요한 인물 중 한 사람인 사이고 다카모리는 유학자인 사토 잇사이가 쓴 《겐시시로쿠言志四録》에 많은 영향을 받았다. 사토 잇사이는 에도시대의 유학자이기 때문에 당연히 《논어》를 기본 중의 기본 교재로 삼아 자신의 학문을 세웠다. 실제로 이 책을 읽어보면 그 속에는 놀랄 만큼 선명하고 강렬하게 《논어》의 정신이 살아 있음을 알 수 있다. 2,500년이라는 세월이 흐른 후에도 마치 공자의 가르침을 직접 배우고 있는 듯한 느낌이 들 정도다.

그렇게 보면 사토 잇사이나 사이고 다카모리도 공자의 직계 제자 또는 후세대를 잇는 제자라고 생각할 수 있다.

오늘날의 우리는 지금까지 유학이 어떻게 학문으로 전개되어 왔는지 알지 못해도 《논어》를 읽을 수 있고 거기서 직접 배움을 얻을 수도 있다. 엘리트를 지향했던 공자의 가르침이 지금 우리 한 사람 한 사람에게 영향을 미친다는 말은 현대사회가 이미 일부 우수한 사람들에게만 할 일이 맡겨져서는 안 되는 시대가 되었다는 뜻이기도 하다.

그러한 의미에서 보면 《논어》가 이상으로 삼은 정신, 즉 '지식인은 군자의 기개'라는 생각을 가져야 하는 시대가 바로 지금 현대사회가 아닐까? 그렇기 때문에 지금이 바로 《논어》와 공자를 배우는 사람들이 가장 많아져야 할 시대이다.

최소한의 '예'를 갖춘 사람이라면
내가 가르침을 전하지 않았던 적이 없다.

거침없는 행위,
경계 없는 사고

—

세상이 어지럽다 한들
짐승과 함께 살 수는 없다

—

현대인들이 《논어》를 통해 배울 수 있는 가치 있는 주제 가운데 하나는 '개인과 사회의 관계'라고 생각한다. 현대사회는 개인의 존엄을 소리 높여 부르짖는 시대가 되었고, 물론 그것은 무엇보다 중요하다. 하지만 개인의 존엄을 실현하기 위해서는 개인과 사회의 관계를 먼저 생각하지 않으면 안 된다.

인간은 사회가 없으면 살아갈 수 없지만, 사회가 반드시 개인한 사람 한 사람의 편을 들어주지는 않는다. 그렇기 때문에 사회의 문제점을 지적하고 그것을 바로잡기 위해서는 싸워나가는 것이 중요하다. 지금까지 사상가라고 불리는 대부분의 사람들은 끊임없이 사회의 문제점을 지적하고 비판해왔다.

공자도 물론 예외는 아니었다. 그런데 공자의 방식을 보면 사회를 날카롭게 비판하면서도 그 속에 절묘한 균형 감각을 지니고 있었다. 여기서는 그 균형 감각에 대해 설명하면서 《논어》를 통해 지금 이 시대를 어떻게 살아가야 할지에 관해 이야기해보려고 한다.

공자와 자주 비교되는 역사상 위인으로는 예수, 소크라테스, 그리고 석가모니가 있다. 그들은 모두 인류의 스승으로 삼기에 조금도 부족함이 없는 인물이다. 그러나 사회와 관계를 맺는 방법이라는 관점으로 바라본다면, 공자는 이 세 사람과는 확실히 다른 점이 있었다.

우리가 잘 알고 있듯이 예수와 소크라테스는 마지막에 사형을 받았고, 석가모니는 정치나 사회로부터 벗어나 진리를 추구하고자 했다. 하지만 공자는 자신의 전 생애 동안 정치가이자 교육자로서 사회 안에서 활동했다. 이 말은 단지 사실이 그러했다는 것으로 그

칠 수도 있겠지만, 실제로《논어》를 읽어보면 공자가 자살을 한다거나 처형을 당하는 모습을 쉽게 상상하기 어렵다.

뿐만 아니라 우리는 공자가 세상과 조화를 이루면서 살아가려고 했던 사람임을 느낄 수 있다. 물론 때때로 격한 모습을 보이기도 하지만 그의 성격은 결코 극단적으로 치닫지 않는다.

반면에 과격하면서 철저한 면이 있었던 소크라테스나 예수는 세상을 향해 가차 없는 태도를 보인다. 그렇기 때문에 그에 대한 반동으로 사회도 잠자코 있지는 않았던 것 같다. 그들이 사형을 당한 것이 어쩔 수 없었다고 말할 수는 없겠지만, 어쨌든 그 당시의 상황에서는 그들에게 닥친 형벌이 딱히 이상하지도 않을 만큼 그들은 주변과 끊임없이 마찰을 일으키며 활동했다.

우리는 역사적으로 뛰어난 인물들이 그러한 이유 때문에 사회로부터 배제된 일을 흔히 볼 수 있다. 공자도 자신이 태어난 노나라에서 정치가로서 실패하자 정처 없이 떠돌아다니며 방랑생활을 했다. 그러나 죽임을 당할 만큼의 행동은 하지 않았으며(물론 죽을 뻔했던 일도 있었지만) 늘 제자들과 함께 지내면서 언젠가 다시 사회에 참여하겠다는 의욕을 잃지 않았다.

또한 공자의 방랑생활은 나랏일을 찾으려는 취직활동이기도 했다. 그런 부분도 예수나 석가모니, 소크라테스였다면 상상하기 어려운 일이다. 석가모니는 왕족 출신에다 장차 나라를 다스릴 인물이었지만 스스로 그 자리를 버렸을 정도다. 또 취직활동을 하는 예수를 상상하기란 쉽지 않다. 소크라테스는 한 사람의 완전한 시민으로서 어느 누구도 섬기지 않았다. 그런 반면 공자는 오히려 상하관계를 축으로 한 사회 속에서 자신이 활약할 수 있는 곳을 찾으려고 애썼다.

예수나 소크라테스가 위대한 인물임에는 틀림없지만 평범한 사람들에게 그들처럼 사형을 당하는 한이 있더라도 자신의 신념을 굽혀서는 안 된다고 말하기는 아무래도 힘들 것이다.

그런 점에서 보면 공자의 태도에서 현대인들이 배우고 직접 적용할 수 있는 부분은 많다. 현대사회 대부분의 사람들은 상하관계로 이루어진 조직에 속해 있고 또 그 속에서 살아갈 수밖에 없다. 그렇기 때문에 공자라는 인물은 현대인들이 롤모델로 삼을 수 있는 성인이라고 말할 수 있을 것이다.

공자가 한결같은 태도로 사회와 관계를 맺었던 이유는 단지 사회와 타협했기 때문만이 아니다. 실제로 공자는 "이곳의 군주는 못 쓰겠군", "이 나라의 정치는 엉망이야"라고 말하며 정부에 대해 꽤 엄격한 태도를 보이곤 했다. 결국 그런 탓에 여기저기 떠돌아다니는 신세가 되기도 했다.

하지만 그래도 공자가 여전히 사회 안에서 활동을 계속한 이유는 인간이 살아갈 장소는 사회이며, 자기실현이라는 것도 결국은 사회를 벗어나서는 이룰 수 없다는 확신이 있었기 때문이다.

《논어》에는 가끔가다 '은자隱者'라는 말이 나온다. 은자란 고고한 지성과 식견을 갖추었지만 사회와의 연을 최소한으로 줄이고 세상사에서 벗어나 숨어서 살아가는 사람을 말한다. 춘추시대의 걸닉桀溺이라는 은자는 공자의 활동을 비판하면서 제자 자로에게 이렇게 말했다.

"도도히 흘러가니 멈출 수가 없는 것은 비단 이 강만이 아니다. 천하도 모두 낮은 곳을 향해 흐르니 멈출 수가 없구나. 그런데 그대는 도대체 누구와 함께 이 세상을 고치려고 하는가. 그대(자로) 역시 눈에 보이지도 않는 훌륭한 군주를 찾으려다 결국 인간을 피하는 사람을 따르고 있는가? 그보다는 세상을 피해서 살아가는 우리를 따르는 편이 좋지 않겠는가?"

그 말을 들은 공자는 탄식하며 이렇게 말했다.

"세상이 어지럽다 한들 들짐승이나 날짐승과 함께 살 수는 없는 노릇이다. 이 세상 사람들과 함께 살아가지 않으면 도대체 누구와 함께 살아간단 말이냐. 만약 지금 천하에 도리가 행해지고 있다면 나 역시 세상을 바꿀 마음은 없다."
-제18편 미자微子

또 언젠가는 어느 은자에게 자로의 입을 빌려 이렇게 말했다.

"주군을 섬기지 않으면 군신의 도리는 없습니다. 어르신께서도 장유長幼의 도리를 버릴 수 없는 것과 마찬가지로(자로가 며칠 전 이 은자로부터 극진한 대접을 받았는데, 그때 은자는 자신의 자식에게 자로를 연장자로 대하며 인사하게 했다) 군신의 도리 또한 버릴 수 없는 것입니다. 내 몸 하나 깨끗하게 하자고 주군을 섬기지 않는다면 그것은 오히려 도덕을 크게 어지럽히는 일이 되겠지요. 군자가 주군을 섬기는 것은 도리를 실현하기 위해서입니다. 실현하기 어렵다는 것은 물론 잘 알고 있지만, 그래도 그렇게 하는 것입니다."
-제18편 미자

공자가 은자의 삶 자체를 부정하지는 않았을 것이다. 《논어》에서 보면 배움을 무엇보다 좋아한 공자는 은자의 뛰어난 식견에서 가르침을 얻고 싶다고 생각하기도 한다.

그뿐 아니라 공자는 은자들이 자신에 대해 그렇게 말한 이유도 충분히 이해했다. 도리를 실현하는 것을 목표로 삼아 하루하루 노력을 거듭했던 공자는 이를 실현하기가 어렵다는 사실을 그들보다 훨씬 더 잘 알고 있었을 테니까 말이다. 하지만 그럼에도 불구하고 공자는 '짐승들과 함께 살아갈 수는 없었던 것'이다.

길이 아니면 가지 말되
새로운 시도를 멈춰서는 안 된다

다른 한편으로 생각하면 공자의 이런 면은 그가 활동하던 고대 중
국보다 현대의 사회생활에서 훨씬 더 차지하는 부분이 많아졌다고
할 수 있다. 현대사회에서 '은자'로서 살아가기란 거의 불가능할
테니까 말이다.

'인간은 인간사회 속에서 살아야 한다.' 사실 이런 신념이 있
든 없든 상관없이 우리는 그 속에서 살아갈 수밖에 없는 존재다.

그런 의미에서 보면 공자의 생각은 지금 이 현대사회에 딱 들어맞는다.

그런데 현대사회 속에서 살아간다는 말은 어떻게 산다는 말일까? 여러 가지 관점이 있을 수 있겠지만, 그중 한 측면은 타인의 요구에 응하며 살아가야 하는 것이라고 할 수 있다.

현대사회의 직업은 거의 대부분 서비스업이 되었다. 서비스업에는 반드시 고객이 존재한다. 교사라고 하면 예전에는 서비스업에서 가장 멀리 떨어진 존재로 생각되었지만, 지금은 보호자는 물론 가르치는 아이들에게서조차 이런저런 요구사항이 밀려들고 있다. 이때 서비스를 요구하는 쪽이 아직 성숙되지 못한 채 막무가내로 요구사항을 들이미는 경우도 적지 않다.

이렇게 요구를 받는 것은 직장에서만 벌어지는 일이 아니다. '가족 서비스'라는 말이 생겨난 것처럼, 가정이라는 장소에서도 서비스는 요구된다. 가정에서도 직장에서도 평생 동안 끊임없이 요구에 응하고 서비스를 제공하면서 살아가야 하는 것이 우리 인생인 것이다.

하지만 그렇게 되었다고 해서 무조건 나쁘기만 한 것은 아니다. 우리가 현대사회에서 마음 편히 살아갈 수 있는 것은 바로 그런 서비스 덕분이기도 하니까 말이다. 어떤 상황에서도 원하는 것을 요구할 수 있고 또 그에 따라 쾌적하고 수준 높은 생활을 꾸려 나갈 수 있다는 사실을 무시할 수는 없다.

예전의 가정에서는 아무런 요구 없이도 유쾌하게 살 수 있었다고 말하는 사람이 있을지도 모르겠다. 하지만 예전에 요구란 것은 단지 한 집안의 가장에게만 허락된 특권이었다. 지금의 가족 서비스를 보면 어떤 의미에서는 가족의 구성원들이 마침내 공평해졌다고 볼 수도 있다.

하지만 이렇게 언제나 요구에 둘러싸여 살아간다는 것은 사실 상당한 스트레스가 되기도 한다. 그런 스트레스에 대처하는 방법은 가장 먼저 그 요구로부터 벗어나 '개인'의 시간을 갖는 것이다. 전형적인 예로 취미활동 시간을 들 수 있다. 취미활동을 할 때는 지나치게 남을 배려할 필요가 없으니 계속되는 주변의 요구에 지친 몸과 마음이 생기를 되찾을 수 있다. 이는 매우 효과적인 방법이다.

그런데 그것 말고도 또 다른 대처법이 있다. 타자의 요구에 대응하는 것 자체를 자기실현으로 생각하는 것이다. 공자의 생각은 분명히 그러했다.

물론 이 말은 어떠한 요구라도 상관없이 모두 응하라는 뜻이 아니다. 이를 거꾸로 말하면 자기실현으로 이어지지 않는 요구에는 대응하지 않음을 뜻한다. 길이 아니면 가지 않는다는 것이다. 타자의 요구와 자기실현이 교차되는 지점은 분명히 있으며, 바로 그것을 추구해야 한다는 것이 공자의 기본적인 생각이다.

《논어》에는 이런 대화를 주고받는 장면이 나온다.

자공이 공자에게 관직에 나가 일할 뜻이 있는지 알아보고자 이렇게 빗대어 질문했다.

"여기에 아름다운 보석이 있다고 한다면 그것을 상자에 넣어 보관해두는 것이 좋을까요, 아니면 후한 값을 쳐주는 사람을 찾아가 파는 것이 좋을까요?"

그러자 공자가 이렇게 대답했다.

"팔아야지, 팔아야지. 나는 제값을 쳐서 나를 사줄 사람을 기다리고 있다."

-제9편 자한

아무리 아름다운 보석이라 해도 그 자체로는 아무 의미가 없다. 그것을 사준다는 말은 타자로부터의 요구가 있었다는 뜻일 것이다. 다만 거기에는 제대로 된 가격이 붙어 있어야 한다는 점을 주의해야 한다. 물건을 사고판다는 비유는 얼핏 듣기에 너무 노골적인 표현으로 여겨질지도 모르지만, 사실 여기에는 의외로 중요한 뜻이 담겨 있다.

사는 쪽과 파는 쪽이 모두 합리적으로 행동함으로써 비로소 수요와 공급의 선이 교차하듯, 자기실현과 요구도 마찬가지로 합리적으로 움직여야 서로 마주치는 부분을 찾을 수 있다. 그 점만 확실히 새겨둔다면 좀 더 유연하고 실천적이며 적극적으로 행동할 수 있을 것이다.

또 하나, 타자의 요구에 응할 때는 요령이 필요하다. 중요한 점은 타자의 요구를 '조금' 더 우선시해야 한다는 것이다. 현대사회에서는 타자에게 '완전히' 맞추려는 바람에 그만 자신을 망쳐버려 고민하고 힘들어하는 사람이 많다.

자기실현을 위해 타자를 포기한다거나 타자에 맞추어 자기를 단념하는 경우를 종종 보지만, 이것은 너무 극단적인 태도다. 매매 행위를 예로 들자면 지나치게 높은 가격을 매겨서도 안 되며 반대로 헐값에 팔아넘기는 것도 좋지 않다. 적절히 균형 감각을 유지하면서 움직여야 한다.

나는 제값을 쳐서 나를 사줄 사람을
기다리고 있다.

—

정말로 단단하다면
갈아도 얇아지지 않는다

—

사람은 자신만의 기준이 있으면 적극적으로 움직이게 된다. 공자
는 자기 안의 기준, 즉 균형 감각을 갖추고 있었기 때문에 행동이
꽤 적극적이었다.

　　노나라 계씨의 가신이었던 공산불요公山弗擾라는 인물이 비費
라는 마을을 근거지로 삼고 계씨를 배반한 적이 있었다(제17편 양
화陽貨). 그때 공산불요가 공자를 정식으로 불러들인다. 공자에게

타자로부터 요구가 생긴 것이다.

그때 공자는 그 요구에 응하여 그에게 가려고 마음먹었다(결국
은 가지 않았다). 하지만 제자 자로는 그것을 언짢게 생각했다. "가
시면 안 됩니다. 어찌하여 공산과 같은 족속에게 가려고 하십니
까?" 하고 자로가 물었다. 그러자 공자는 이렇게 답했다.

> "이렇게 나를 부른 이상, 이는 단순한 초대가 아니라 나를 쓰
> 겠다는 말일 테다. 만약 나를 써줄 사람이 있다면 이 동쪽 나
> 라에서 주 왕조의 이상을 다시 일으켜보고자 한다."
> ―제17편 양화陽貨

타자의 요구가 진심이라면 그에 맞는 반응을 보인다. 이때 타
자가 원하는 바와 자신이 꿈꾸는 이상은 다를 수도 있다. 공자의
이상은 '다시 주 왕조를 부흥시키고 싶다'는 것이었다. 그는 자신
의 이상을 실현할 가능성이 있다고 생각했기 때문에 부름에 응했
던 것이다. 이것이 바로 공자의 방식이다.

이와 비슷한 장면을 하나 더 소개해보겠다. 진나라 대부 조간
자趙簡子의 가신이던 필힐佛肸이라는 사람이 공자를 초대했을 때의
일이다. 이 부름에도 공자는 끝내 응하지 않았다. 그때도 역시 자

로가 말리면서(자로는 이런 경우 결벽증이 꽤 심하다) 이렇게 말했다.

"예전에 스승님께서 저에게 이렇게 가르치셨습니다. 군자는 스스로 선하지 않은 일을 행한 자의 무리 속으로 들어가지 않는다고 말입니다. 필힐은 조간자가 관리하던 중모 땅의 관리를 지내면서 그곳을 근거지로 삼아 조간자를 배신한 자입니다. 그런데 그런 자에게 가려고 하시다니 어찌된 일입니까?"

과연 자로의 말은 이치에 어긋남이 없이 들린다. 그런데 이때 공자가 들려준 대답이 또 재미있다.

"나는 분명 그렇게 말했다. 하지만 속담에도 있지 않느냐. '정말로 단단하다면 갈아도 얇아지지 않는다', '정말로 희다면 검은 흙을 뿌려도 검어지지 않는다'라고 말이다. 또한 나는 쓰디쓴 참외가 아니다. 그저 매달려 있기만 할 뿐 아무도 먹으려고 하지 않는 열매가 아니니 나를 써줄 사람이 있다면 내 능력을 발휘해보고 싶은 마음이 들지 않겠느냐?"
-제17편 양화

이 대목에서도 눈길을 끄는 것은 자기 안의 기준을 믿는 힘과 자신의 존재의식을 타자의 요구에 응함으로써 찾는 자세다. 또 자신이 '쓴 열매는 아니다'라고 살짝 유머를 섞어 여유롭게 표현한 것도 참으로 공자다운 태도다.

한편 타자가 반드시 '개인'이기만 한 법은 없다. 사회 속에서 사람들이 모여 무언가를 하려고 할 때는 '조직'을 만들게 된다. 공자는 정치가이기도 했기 때문에 조직 안에서 어떻게 대처해야 할지 실질적으로 알고 있었다.

예를 들면 공자의 말 중에 "그 지위에 있거나 직무를 담당하지 않는다면 그 일에 왈가왈부하지 마라"라는 표현이 있다(제8편 태백泰伯). 얼핏 생각하면 왠지 무사안일주의와 같이 너무나 무책임한 말처럼 들리기도 한다. 자신이 '올바르다'고 생각하는 일이라면 그것이 비록 자신이 처한 상황에서 벗어나는 경우라고 하더라도 적극적으로 맞서서 그것을 실현시켜야 한다고 생각하는 사람도 적지 않다.

하지만 가장 먼저 해야 할 것은 자신의 일이다. 각자의 '자리'에는 모두 나름의 책임이 있다. 바깥에서 경솔하게 이러쿵저러쿵하는 것은 참으로 무책임한 태도이며 그 문제를 책임지고 있는 사람에게도 그다지 도움이 되지 않을 때가 많다.

앞에서도 말했듯이 '타자의 요구 속에서 자기를 실현한다'라는 자세로 일을 한다면 자연히 남의 일에 그렇게 쉽게 간섭하지 않게 될 것이다. 그렇게 하면 쓸데없는 스트레스를 받을 필요도 없고 자신의 일에도 좋은 영향을 미칠 수 있다.

나는 특히 회의를 할 때 공자의 그 말을 실천하려고 한다. 회의를 하다 보면 여러 가지 의제가 나온다. 만약 그 모든 의제를 내 문제로 생각하고 일일이 대응하려고 한다면 아마 몸이 감당할 수 없을 것이다. 내가 주장하는 안이 통과되지 않으면 물론 스트레스를 받겠지만, 설령 통과되었다 하더라도 마찬가지로 상당한 스트레스를 받게 된다.

그러면 회의하는 것만으로도 지쳐버려 내가 책임져야 할 일에까지 신경을 쓸 여력이 남지 않는다. 회의에서 정말로 내가 중심이 되어야 하는 일, 진지하게 생각해야 하는 중요한 의제에 힘을 쏟지 못할 수도 있다.

이런 식으로 생각하면 그런 자세가 얼핏 소극적으로 비치킨 해도 사실은 꽤 합리적이라는 것을 알 수 있다. 게다가 간결하면서도 똑 부러진 표현은 마음속에 금방 새겨지고 실천하기도 쉽다는 장점이 있다.

덧붙여 말하면 앞에서도 말했듯이 《논어》의 말은 서로 연결되어 있기 때문에 말 하나만 따로따로 끄집어낸다면 오히려 오해를 불러일으키거나 무책임한 말로 전락해버릴 위험이 많다.

구체적인 예를 한번 들어보자. 제齊나라의 진항陳恒이라는 자가 임금인 간공簡公을 죽였을 때, 공자는 노나라 임금 애공哀公에게 이것은 크나큰 죄라고 말하며 도리를 바로잡기 위해서 병사를 일으켜 그들을 치러 가야 한다고 호소했다.

그런데 그것은 당시의 상황으로는 이루어지기 힘든 제안이었던 모양으로 결국 공자의 뜻은 받아들여지지 않았다. 하지만 공자는 "나 또한 국정에 참여하는 책임을 지닌 대부의 자리에 앉은 이상, 도리에 맞지 않는 말을 할 수는 없었다"고 말했다(제14편 헌문憲問).

'그 지위에 있거나 직무를 담당하지 않는다면 그 일에 왈가왈부하지 마라'라는 생각 뒤편에는 또한 그 지위에 있다면 그 지위에 맞게끔 도리를 지켜야 할 책임이 있다고 믿었던 것이다. 다음의 말과 함께 읽으면 그 의미를 좀 더 확실히 이해할 수 있을 것이다.

"군자는 모든 일의 책임과 원인을 자신에게서 구하지만, 소인은 그것을 남에게서 구하고 책임을 떠넘긴다."

−제15편 위령공衛靈公

이렇게 《논어》의 여러 대목을 함께 연결하여 읽으면 처음부터 끝까지 일관성을 가지고 지나친 스트레스를 피하면서 균형을 갖춘 공자의 대처법을 배울 수 있다.

군자는 모든 일의 책임과 원인을 자신에게서 구하지만,
소인은 그것을 남에게서 구하고 책임을 떠넘긴다.

—

중용을 챙기지 못한다면
차라리 광인이나 견인을 택할 것이다

—

앞에서 '자기실현'과 '타자의 요구'가 서로 균형을 이루는 것이 중요하다고 지적했다. 이러한 균형 감각의 중요성은 단지 개인과 사회에 관련된 문제에만 그치지 않는 것으로, 《논어》의 여러 장면에서 확인할 수 있다.

이러한 균형 감각을 《논어》에서는, 또 더 넓게 유교에서는 '중용中庸'이라고 말한다.

공자 자신도 "중용의 덕은 최상이다(제6편 옹야雍也)"라고 하였고, 후대의 유교 전통에서도 이는 매우 중요시되었다. 후세에는 《중용》이라는 책이 편찬되어 《논어》,《맹자》,《대학》과 함께 사서 중 하나가 된다.

여담이지만, 고대 그리스의 대철학자 아리스토텔레스가 중시했던 덕목인 '메소테스Mesotēs'는 내용 면에서 중용과 매우 흡사한 점이 많아서 전통적으로 '중용'으로 번역되고 있다. 동서고금을 막론하고 중요하게 여겼던 생각이라고 할 수 있겠다.

중용은 덕이라고는 하지만 '의'나 '용' 또는 '지知'와 같은 다른 덕목들과는 조금 다른 점이 있다. 달리 말하면 다른 여러 덕목들이 덕이 되기 위해 필요한 것이 바로 이 중용의 덕이다.

예를 들면 '용(용기)'은 중요한 덕목이다. '용'이 부족하면 두려움이 많아질 것이다. 그렇다고 '용'이 많으면 많을수록 좋은가 하면 또 그렇지는 않다. 지나치면 무모해지고 난폭해진다. 겸양의 덕도 그렇다. 없으면 거만해지지만 과하면 비굴해진다.

바로 "지나침은 미치지 못함과 같다過猶不及(제11편 선진)"는 말이다. 다만 그 중용이 어느 지점에 있는지를 제대로 파악하기란 무척 어렵다. 사람의 체온의 경우 적절한 온도에서 1~2도만 차이가 나도 문제가 생기기 때문에 적절한 정도를 판단하기가 어렵지 않다.

문제는 인간의 생각이나 행동이다. 그것은 가장 좋은 지점이 어디인지 쉽게 찾을 수 없다. 그래서 중용의 덕이 어려운 것이다. 공자 역시 앞에서 말한 "중용의 덕은 최상이다"라는 말에 덧붙여 "하지만 사람들이 중용의 덕을 잃은 지 이미 오래구나" 하며 탄식했다. 또 이런 말도 남겼다.

"나는 과하지도 부족하지도 않은 중용의 덕을 갖춘 자에게 도리를 전하고 싶지만, 만약 그것이 어렵다면 그다음은 광인狂人이나 견인狷人을 선택할 것이다. 광인은 큰 뜻을 품고 적극적이며 과감하게 선을 지향하기 때문이며, 견인은 신중하지만 절조가 있고 선하지 않은 일은 결코 하지 않기 때문이다."
−제13편 자로

이것을 보면 중용이라는 것은 균형을 갖춘 사상이기는 하지만 무조건 아무 문제없이 소극적인 태도를 취한다는 말도 아님을 알 수 있다. 그렇기 때문에 중용을 지향하기 위해서는 일단 둘을 더해서 반으로 나누면 된다는 식의 발상은 공자의 생각과는 꽤 다르다.

상황과 사물을 바라본 다음 어느 한쪽을 조금 강하게 의식하는 듯한 실천적인 태도를 지니는 편이 좋을 것이다.

골프에는 'never up, never in'이라는 말이 있다. 컵에 도달하지 못하면 절대 들어가지 못한다는 뜻이다. 딱 들어맞는다면 더할 나위가 없겠지만 만약 그렇지 않다면 약한 것보다는 강한 것이 좋다. 이것은 기술을 익힐 때나 마음가짐을 다질 때 충분히 새겨둘 만한 격언이다. 공자도 이렇게 말했다.

"사치를 부리면 거만해지고 아껴 살면 품위가 사라진다. 양쪽 모두 중용을 얻지는 못할 테지만, 거만하여 '예'를 무시하는 것보다는 품위가 없는 편이 낫다."
–제7편 술이

그런 의미에서 나는 자기실현보다 타자의 요구를 조금 더 우선시하는 편이 좋지 않을까 하고 생각한다. 또한 그것은 현대인들을 떠올리며 《논어》를 읽으면서 내가 나름대로 깨달은 중용의 감각에서 나온 말이기도 하다.

피하지 말고
뛰어들어
즐겨라

—

삶에 대한 질문보다
더 중요한 질문은 없다

—

지금 우리가 이 시대에 《논어》를 읽어도 거북하게 느끼지 않는 이유는 그 기초가 되는 생각이 매우 '합리적'이기 때문이다.

중국 철학사를 연구하는 학자인 가지 노부유키의 연구에 따르면 원래 유교는 공자를 창시자로 한 것이 아니라 그 이전의 원유 原儒(유자儒者는 고대 중국에서 장례식을 집행하는 사람을 뜻하는데, 공자의 어머니가 유자였다. 원유란 공자 이전의 유자를 뜻하며 관례를 지키고 장례식 등에서 초혼招魂하는 샤먼을 말한다-옮긴이)라는 것에서 유래되었다고 한다. 그는 그것이 생명의 연속성을 중시하는, 끈적끈적하고 어지러운 감각이었을 것이라고 말한다. 아마도 샤머니즘과 비슷한 것이 아니었을까?

그러한 감각이 공자의 말을 통해서 드러나자 갑자기 하늘이 활짝 갠 듯이 깔끔하고 상쾌해졌다. 그 상쾌한 느낌은 정말 매력적이다.

《논어》의 '합리성'은 단순히 논리적이고 이치에 어긋남이 없다는 데서 이야기되는 것이 아니다. 현대인들이 쓰는 '합리적'이라는 말은 때로는 조금 인정미가 없다거나 비현실적이라는 의미로 쓰일 때가 있다. 그러나 《논어》에서 말하는 합리성은 그보다 더 크고 풍부한 느낌이 든다. 아마도 그 속에는 단지 현대인이 공감할 수 있는 수준을 뛰어넘는 것, 즉 현대인이 배워야 할 합리성이 담겨 있어서가 아닐까?

《논어》의 기초에 깔린 합리성에는 크게 세 가지 측면이 있다. 바로 비신비성과 실천성, 유연성이다.

합리성의 첫 번째 측면인 '비신비성'은 사물을 신비화하지 않는다는 말이다. 《논어》에는 "공자는 괴력난신怪力亂神, 즉 기괴한 것, 폭력적인 것, 어지러운 것, 그리고 신비로운 것을 말하지 않았다(제7편 술이)"라는 구절이 있다. 이것은 공자의 중요한 축이 되는 사상 중 하나다. 여기서 말하는 '괴력난신'이란 이치에서 벗어난 이상한 것을 가리킨다.

하지만 이 말은 공자가 인간 개개인의 능력을 초월한 것들의 존재를 인정하지 않았다는 뜻이 아니다. 단지 그것에 대해서 말하지 않겠다는 것이다. 다시 말해 그런 것들을 기본으로 하여 사물을 생각하지 않겠다는 뜻이다.

철학자 비트겐슈타인처럼 표현한다면 '말할 수 없는 것에 대해서는 침묵해야 한다'라는 의미가 되지 않을까? 석가모니 역시 '사후에 영혼이 있을까, 없을까'라는 질문에는 '무기無記', 즉 대답하지 않았다고 한다. 공자의 태도도 아마 그와 비슷했을 것이다. 하지만 이 말을 단지 사물을 대할 때 진중함만을 강조하여 소극적인 태도로 대한다는 뜻으로 받아들이는 것은 잘못이다.

《논어》에 "삶도 아직 알지 못하는데 어찌 죽음을 알겠느냐(제11편 선진先進)"라는 아주 유명한 말이 있다. 여기서 '죽음을 알지 못하다'라는 말 앞에 '삶도 아직 알지 못하는데'라는 구절이 붙어 있음에 주목해보라. 공자가 죽음을 말하지 않은 이유는 죽음보다 더 중요한 것이 있다고 생각했기 때문이다.

그것은 바로 '어떻게 살 것인가'라는 문제다. 어떻게 살아야 할지 알고 그것을 실천할 수 있으면 사실 삶도 죽음도 아무런 문제가 되지 않는다.

"아침에 바르게 사는 도道를 들으면 그날 밤에 죽어도 좋다."
–제4편 이인

강렬한 인상을 남기는 말이다. 공자에게는 그토록 도를 열렬히 갈구하는 마음이 있었기에 괴력난신까지는 신경 쓸 겨를이 없었다. 하지만 사실은 그뿐만이 아닐 것이다. 공자는 신비적인 것을 말하는 사람들 중에는 그것을 경건하고 진지한 마음으로 대하지 않고 대충대충 얼렁뚱땅한 태도로 대하는 사람도 있다는 것을 꿰뚫고 있었다.

《논어》에서 가장 널리 알려진 말 중에 "의를 보고도 행하지 않는 것은 용기가 없기 때문이다"라는 것이 있다. 그런데 공자가 이 말을 했을 때의 실제 배경 상황은 다음과 같다.

"내 조상의 영령도 아닌 신에게 제사를 지내는 일은 행운을 바라고 아첨하는 것이나 다름이 없다. 해서는 안 되는 행동을 하는 것은 옳지 않다. 또한 반대로 인간으로서 당연히 해야 할 일을 하지 않는 방관자적인 태도는 용기가 없는 것이다."
-제2편 위정

앞부분과 뒷부분이 짝을 이루고 있는 표현이다. 공자의 생각이 잘 드러나는 말이라고 볼 수 있다. 또 이런 말도 있다.

"사람으로서 행해야 할 '의'를 다하고, 사람의 지혜가 미치지 못하는 귀신이나 영혼은 중히 여기면서도 멀리 하여라. 이것을 '지'라고 한다."
-제6편 옹야

'사물을 신비화하지 않는다'는 말은 결코 소극적인 자세를 뜻하는 것이 아니다. 오히려 그렇게 인간의 지혜가 미치지 못하는 영역에 지나치게 마음을 쓰기보다는 현실 속에서 인간으로서 해야 할 일에 더 힘을 쓰자는, 매우 적극적인 사고방식이라고 할 수 있다.

© 조규형

공자가 죽음을 말하지 않은 이유는
죽음보다 더 중요한 것이 있다고 생각했기 때문이다.
그것은 바로 '어떻게 살 것인가'라는 문제다.

—

권위는 스스로
챙기는 것이 아니다

—

공자가 신비화하지 않은 것은 말하는 대상뿐만이 아니라 자기 자
신에 대해서도 마찬가지였다.

> "너희들은 내가 무언가 숨기고 있다고 생각하느냐? 나는 아
> 무것도 숨기는 게 없다. 나의 모든 행동은 너희들과 함께 있느
> 니라. 이것이 바로 나 공구丘다."

이렇게 공자는 아무런 거리낌 없이 제자들에게 말한다. '내 본
모습은 훨씬 대단하지만 아직 너희들에게 다 보여주지 않았다'라
는 식으로 허세를 부리거나 잘난 체하지 않는다.

　제자들을 대하는 태도를 보아도 그런 모습이 잘 드러난다. 공
자는 제자들의 서열을 따지지 않았다. 물론 수제자에 가까운 제자
도 있었다. 자로나 안회 같은 제자들이 바로 그러했다. 그렇지만
그들은 그저 스승과 더 오랜 시간을 함께했을 뿐, 다른 제자들보다
특별한 권리를 가졌던 것은 아니다. 실제로 자로는 공자와 가장 오
랫동안 사제관계를 맺은 제자였지만, 때때로 다른 제자들이 그를
얕잡아볼 때도 있었다고 한다.

　공자 앞에서는 어떤 제자든지 평등하고 자유롭게 질문을 던지
고 논쟁을 벌일 수 있었으며 또 그렇게 논쟁을 벌일 때는 제자들이
우수한지 아닌지는 상관이 없었다. 사실 제자들은 스승에게 스스
럼없이 마음껏 질문을 던지곤 했다.

　"스승님, '인仁'이란 무엇입니까?"
　"정치를 할 때 중요한 것이 무엇입니까?"

"제사를 올리는 것의 본질이 무엇입니까?"

요즘은 스승에게 권위가 없다는 둥 교사와 학생 사이가 너무 거침없고 솔직하다는 둥 하는 말이 많다. 그런데 사실 현재 학생들을 가르치고 있는 내가 볼 때도 공자와 제자들의 사이는 무척 개방적이라는 생각이 든다. 더구나 공자는 제자들의 스스럼없는 태도를 전혀 못마땅해하는 기색도 보이지 않았다.

나라면 아마도 '질문하는 것도 좋지만, 좀 더 스스로 공부한 다음에 물으면 좋을 텐데…', '아직도 이 정도 수준의 질문밖에 못 하는 건가…' 하고 생각했을 법한 질문에도 공자는 참으로 성의 있게 대답해준다.

"남을 가르치는 일에 지루함은 없다(제7편 술이)"고 말한 것처럼 공자는 제자들에게 훌륭한 말을 아낌없이 그리고 끊임없이 선물했다.

자기 자신을 다가서기 힘든 존재로 만들어 권위를 유지하기 위해서는 관계를 개방적으로 유지하기보다 제자들의 서열을 정하고 그에 따라 그들을 대하는 태도에 차별을 두는 편이 훨씬 효과적일 것이다.

하지만 그런 식이라면 가장 서열이 높은 제자만이 선생과 직접 대면하여 이야기할 수 있을 것이다. 그다음 사람은 선생의 모습만 볼 수 있고, 다시 그다음 사람은 목소리만 들을 수 있을 뿐이다. 이렇게 하면 몇 단이 되고 저렇게 하면 몇 급을 딸 수 있고, 또는 사범이니 사범 대리니 하는 그런 직함이나 서열을 얻을 수는 있겠다.

그런 식이라면 꼭대기에 자리 잡은 선생은 왠지 모르게 굉장한 사람이구나 하는 분위기를 만들어낼 수 있다. 우리 주변에도 이런 사람이 있지 않은가?

그렇지만 공자의 교단에는 절대 그런 일이 없었다. 교조적인 면도 가부장적인 면도 찾을 수 없었다. 일반적으로 유교를 생각할 때는 상하관계를 엄격히 따질 것 같은 이미지가 꽤 강한 편이다. 유교에서 웃어른을 존중하는 것은 분명 사실이다. 《논어》여기저기에서도 그런 가르침을 읽을 수 있다. 하지만 스승과 제자가 서로 주고받는 대화를 읽다 보면 윗사람이 아랫사람을 누르려는 마음은 전혀 느껴지지 않는다. 오히려 서로 반대편에서 대립하고 있음을 느끼게 된다.

물론 스승은 특별하다. 그렇지만 그 말은 예를 들어 어느 특정 대학의 특정한 교수가 특별하다는 의미로 쓰일 뿐이다. 아무리 스승 그 자신이 특별하다고 한들, 제자들이 질문할 때나 가르침을 얻으려고 할 때 망설이거나 꺼려서는 안 될 것이다.

배움의 장은 신비로운 베일로 가려져서는 안 된다. 이것이 바로 공자의 합리성이 가장 잘 드러나는 부분이다.

—

실제 활용할 수 있는 것만을
지식이라 부를 수 있다

—

합리성의 두 번째 요소는 실천성이다. 공자의 학문은 기본적으로 실학이다. 근대 일본의 계몽가이자 교육자인 후쿠자와 유키치는 《학문의 권장》이라는 책에서 이제는 유명무실화되어버린 유학에 대해 매우 신랄하게 비판을 퍼붓는다. 그리고 동시에 유학과는 대조적으로 실질적인 도움이 되는 학문인 '실학'의 중요성을 강조한다.

그러나 실제로 《논어》를 읽어보면 공자가 생각하는 학문이, 때로는 지나치게 노골적이라는 생각이 들 정도로, 실학을 지향하고 있음을 알 수 있다.

공자의 교단에서 가장 중시한 교재, 즉 교과서라고 할 수 있는 것이 바로 《시경》이다. 여기서 공자는 '시詩'의 효용에 대해 이렇게 말한다.

"시를 낭송하면 자신이 뜻하는 바나 감정이 고양될 뿐 아니라 사물을 보는 눈이 키워지고 남들과 탈 없이 지낼 수도 있으며 원망스러운 일이 있을 때도 분노에 휘둘리지 않고 대처할 수 있게 된다. 가까이로는 부모를 섬기고 멀리는 군주를 섬길 때도 도움이 된다. 또한 짐승들이나 초목의 이름을 많이 알 수도 있다."

−제17편 양화

시를 읽으면 감성을 갈고닦을 수 있으며 인격을 가다듬는 데 도움이 된다. 이 말은 지금 이 시대에서도 충분히 이해할 수 있다. 단지 여기서 매우 실학적이라고 여겨지는 말은 바로 '멀리 군주를 섬길 때도 도움이 된다'는 부분이다. 이는 곧 시를 읽는 것이 실무와 직결된다는 말이다. 이것을 더 확실하게 표현한 말도 있다.

"《시경》에 나오는 시 삼백 편을 암송했다고 해도 나라의 내정을 맡아 일을 제대로 못한다면, 또 외교를 맡아도 상대방과 논쟁을 벌일 수 없다면 아무리 시를 많이 외운들 그것은 죽은 지식이며 보잘것없다."

−제13편 자로

이것이야말로 지식을 실용으로 평가한 것이다. 《시경》을 통째로 암기하는 것만으로는 아무런 소용이 없다. 지식은 실천의 장에서 활용할 수 있는 것이어야 한다. 실천을 위한 판단력을 키우고 지식을 축적하여 때로는 자신의 말과 행동을 반성하기 위한 거울이 될 수 있는 '수단'이 되어야 한다.

다만 한 가지 덧붙이자면, 실천적인 지식에도 반드시 감정과 인격이 살아 움직이는 힘이 흘러야 한다는 사실에 주의해야 한다. 그렇지 않으면 외교관계를 맺을 때처럼 시시각각 상황이 변화하거나 역학이 복잡하게 얽혀 있는 장소에서 바르고 정확하게 대응할 수 없을 테니까 말이다.

이 실천성은 단순히 '시'라는 교과과정을 활용하는 방법에 그치는 생각이 아니라 공자의 학문 전체를 관통하고 있는 요소다. 예를 들면 '인'이나 '용', '신'과 같은 덕목들은 학문을 통해 몸에 익혀야 하는 것이지만, 이를 제대로 몸에 익혔는지 알기 위해서는 실제로 경험 속에서 시험해보지 않으면 안 된다. 다시 말해 공자의 사상은 경험주의, 실력주의를 지향한다고 말할 수 있다.

또한 공자는 학문의 목적이란 기본적으로 행정관료를 양성하기 위한 것이라고 하는 등 지극히 실천적인 이유를 들고 있다. 충분히 학문을 익히지 않은 채로 관직에 오르려는 사람을 두고 공자는 다음과 같이 불만을 토로하기도 했다.

"오랫동안 학문을 했으면서도 벼슬길을 탐하지 않기는 어려운 일이다(오로지 학문에 열중하는 사람이 더 나왔으면 좋겠구나)."
-제8편 태백

어정쩡하게 익힌 학문으로는 실제로 현실세계를 움직이려고 한들 아무런 도움이 되지 않기 때문이다. 실제로 활용할 수 없으면 진정한 학문이라고 말할 수 없다.

앞에서도 말했지만, 그렇기 때문에 공자 자신도 언제나 자신의 학문을 실제 상황에서 활용하고 싶어 했다. 사회 속에서 비로소 자기실현을 이룰 수 있다는 공자의 생각은 학문의 실천성과 깊이 연결되어 있다.

진정한 배움은
쓸데없는 고집을 부리지 않는다

《논어》 속 합리성의 세 번째 측면은 바로 '유연성'이다. 이들은 언제나 함께 짝을 이루고 있다. 뿐만 아니라 유연성은 실천성과도 연결되어 있다.

우리 주변의 환경이나 상황은 시시각각 움직인다. 그렇기 때문에 실천적으로 효과를 발휘하려면 융통성 없이 오로지 한 가지 기준에만 맞추려는 방식을 고수해서는 안 된다. 그 방법은 오히려 합리적이지 못하다. 이치에 어긋남이 없으면서도 상황에 능숙하게 대처하는 유연한 자세야말로 합리적이라고 할 수 있을 것이다.

특히 공자의 학당에서 생각하는 '실천'이란 주로 정치에서 쓰이는 말이었기 때문에(다만 여기서 말하는 정치는 현대사회에서 생각하는 것보다 폭넓다) 유연성은 거의 필수적인 성질이라고 할 수 있을 것이다.

공자는 "군자는 이치에 맞게 행동하지만 고지식하게 사소하고 하찮은 일에 얽매이지 않는다(제15편 위령공)"고 말했다.

논어 제9편인 자한에 따르면, 공자에게는 '의意', '필必', '고固', '아我'가 전혀 없었다고 한다.

'고'는 자신의 뜻이나 태도를 굽히지 않는다는 말로 단단함, 즉 유연함의 반대가 되는 상태다. '아'는 고집을 피운다고 말할 때의 '고집'을 말하며, '필'은 무슨 일이든 미리 결정한 대로 한다는 의미로 역시 유연성이 결여된 태도를 말한다. 공자에게는 이러한 면들이 없었다.

그런데 '의'라는 말은 '자기 개인적인 생각을 가지고 마음대로 한다'는 의미다. 이 말은 한편으로는 유연하다고 말할 수 있겠지만, 제멋대로 행동한다는 뜻이기도 하다. 처음부터 끝까지 이치에서 벗어나지 않는 것에 주목해야 할 것이다.

공자는 타이밍도 중시했다. 제10편 향당鄕黨에는 이런 장면이 나온다. 사람을 보고 깜짝 놀라 날아오른 꿩이 주변이 안전하다는 것을 확인한 다음 다시 내려앉는 모습을 보고 공자가 "'때(타이밍)' 가 무엇인지 가르쳐주는구나" 하고 감탄하는 장면이다.

여기서 우리는 필요한 때에 필요한 행동을 하는 꿩의 합리성 을 볼 수 있다. 언제나 정해진 어떤 기준에 맞추어 행동을 결정하 는 것이 아니라 위험을 감지하면 물러섰다가 위험이 사라지면 다 시 되돌아온다. 적절한 때와 상황에 맞게 행동하는 모습, 그것이 바로 유연한 합리성이다.

그에 비하면 오히려 제자들의 사고가 굳어 있는 듯한 느낌이 들 때가 있다. 자신의 가르침을 제자들이 융통성 없는 태도로 받아 들이는 바람에 공자가 곤혹스러워하는 장면을 《논어》에서도 볼 수 있다. 제자들의 그런 모습을 보고 공자에게 "그런 마음가짐으로 행동하라는 말이었는데, 그 말을 곧이곧대로 받아들이다니 곤란하 구나" 하는 마음이 든 때도 있지 않았을까?

또 한편으로는 유연함이 너무 지나친 나머지 이치에서 벗어나 버린 제자도 있었다. 염유가 그런 이유로 공자에게 꾸지람을 듣기도 했다.

줄기가 되는 근간을 이루는 부분과 유연함에 대처하는 방법, 그 둘 사이의 균형을 잡는 것이 중요다. 이것은 씨름선수들이 경기할 때의 모습과 다소 비슷하다.

실력 있는 씨름선수나 무술의 달인이 몸을 움직이는 것을 보면, 다리나 허리와 같은 중심 축은 흔들리지 않으면서도 상반신은 상대방이나 상황에 맞추어 이리저리 적절하게 대응한다. 격렬하게 움직일 때도 중심 감각을 잃어버리지 않도록 바싹 허리를 낮춘 모습에서 우리는 공자가 말하는 유연함을 엿볼 수 있다.

그렇다면 우리는 그런 유연성을 어떻게 익힐 수 있을까? 공자는 분명히 말한다.

"배우면 완고함이 없어진다."
–제1편 학이學而

앞에서 말했듯이 유연해지기 위해서는 먼저 단단한 줄기, 흔들림이 없는 축을 가져야 한다. 우리는 그 축을 가지기 위한 기준이 되는 것을 옛것에서 배울 수 있다. 요임금과 순임금, 주공周公과 같은 과거의 성인들을 이상으로 삼고 판단의 기준을 정하는 것이다.

다만 그 기준은 전체적인 큰 바탕을 제시하는 지침일 뿐, 원리주의처럼 반드시 그것에 충성을 다해야 한다는 의미는 아니다. 각각의 상황에 맞게 유연한 판단을 내려야지, 과거의 사례라고 해서 아무런 비판도 없이 맹종해서는 안 된다.

다음에 인용하는 공자의 말에서 우리는 실증주의적 의미로 본 합리성을 느낄 수 있다.

"하夏나라의 '예'에 대해서는 말할 수 있지만, 그 후손인 기杞나라의 '예'에 대해서는 증거가 부족하다. 마찬가지로 은殷나라의 '예'는 말할 수 있지만 그 후손인 송宋나라의 '예'에 대해서는 확실하지 않다. '예'에 대한 기록도 충분하지 않고, '예'를 알고 있는 현인도 많지 않기 때문이다. 만약 기나라나 송나라의 기록이 충분하다면 내가 하나라와 은나라의 '예'를 말할 때 좋은 증거가 될 수 있을 텐데 참으로 안타깝구나."
-제3편 팔일

그리고 또 하나, 배움을 통해서 유연함을 익힐 수 있지만 배움을 지속하기 위해서도 유연한 태도는 중요하다.

이 두 가지 측면은 따로따로 떼어놓을 수 없으며 서로 돌고 도는 구조로 되어 있다. 배움을 통해서 유연해지고 다시 그 유연함을 통해서 배움의 기회가 늘어난다. 뒤집어 말하면 완고한 인간은 배우려고도 하지 않으며, 그 결과 점점 더 완고해진다는 말이 될 것이다.

공자는 남에게서 배우기를 즐기는 사람이었다. 옛 성인들을 이상으로 삼고 그들에게 배움을 얻으려고 했을 뿐 아니라 때로는 그다지 훌륭하지 않은 사람들에게서도 무언가를 얻으려고 했다.

"세 사람이 함께 행동할 때면 나는 반드시 그들 중에서 나의 스승을 찾는다. 두 사람 중 한 사람은 선하고 또 한 사람은 악하다면, 선한 사람에게서는 그 선함을 배우고 악한 사람에게서는 그 악한 면이 내게 없는지 반성하고 고쳐간다."
-제7편 술이

또 어떤 사람이 자공에게 물었다. "공 선생은 어디서 공부하셨습니까?" 그러자 자공이 이렇게 대답했다.

"주나라의 문왕과 무왕의 도리가 사라져가고 있다고 해도 아직 땅에 떨어지지는 않았습니다. 여전히 사람들의 마음속에 살아 있지요. 훌륭한 사람은 그 도리의 중요한 부분을 익힐 테지만, 훌륭하지 않은 사람일지라도 소소한 도리는 익힙니다. 다시 말해 문왕과 무왕의 도리는 어디에나 존재하는 것이며, 스승님은 그것을 배우셨습니다. 그 장소가 어디든 상대방이 누구든 상관없이 스승님은 배우셨습니다. 그러니까 딱 정해진 한 사람의 스승에게 가르침을 받은 제자라고 할 수는 없습니다."

–제19편 자장子張

그런 의미에서 보면 공자보다 오히려 제자에게 자만하는 마음이 보이는 것도 같다. 배움의 기회를 적극적으로 활용하려 들지 않는 모습을 볼 수 있기 때문이다.

제자 자공의 예를 한번 들어보자. 머리가 매우 비상한 사람이었던 자공은 남의 허물도 금방 찾아낼 수 있어 남을 이렇다 저렇다 평가하곤 했다. 그럴 때 공자는 이렇게 말했다. "너는 참 똑똑하구나. 나는 내 수양하기에 바빠서 남을 비판하고 있을 틈이 없는데 (제14편 헌문)."

남에 대해 이렇다 저렇다 말하는 것이 특별히 나쁜 일은 아니다. 《논어》에서도 공자가 여러 인물들을 비평하는 모습을 종종 볼 수 있다. 그렇지만 그것은 공자 자신이 거기서 무언가를 배우기 위해 하는 행위일 뿐, 스스로 똑똑하다고 자랑한다거나 남을 폄하하려는 마음으로 그러는 것은 아니었다.

배움을 통해서 유연해지고
다시 그 유연함을 통해서 배움의 기회가 늘어난다.

—

독선에 빠지지 않으려면
배움의 끈을 놓지 말라

—

학습의 기회는 상대방에게서만 찾을 수 있는 것은 아니다. 타인이
나를 지적해주는 것 또한 매우 중요한 배움의 기회가 된다. 공자는
자신의 말이 틀렸다는 지적을 받으면 "나는 행복한 사람이다. 틀
린 것이 있으면 누군가가 꼭 알아채고 가르쳐주니 말이다(제7편 술
이)"라고 말하며 기뻐했다.

　사실 이런 식의 대응은 쉽게 할 수 있는 것이 아니다. 설령 내

가 정말 틀렸다면, 아니 오히려 틀렸다는 사실을 알고 있다면 더더욱 반발심이 생기고 기분이 상하는 게 일반적이다.

하지만 유연한 마음을 가지고 있으면 남이 나를 지적했다고 해도 그것을 거꾸로 '배움의 기회'로 받아들일 수 있다. 그리고 그렇게 배움으로써 유연성을 더 지닐 수 있게 된다. 공자처럼 그것을 '행복하다'고 느낄 수 있을 정도라면 그야말로 배움의 달인이라고 할 수 있을 것이다.

물론 아마도 많은 사람들이 이렇게 말할지도 모른다. "아무리 이러쿵저러쿵해봤자 공자는 평범한 인간들하고는 다르잖아. 나는 그런 인품을 가진 인간이 아니라서 날 비판하는 말은 도저히 듣고 있을 수가 없어."

분명 공자는 걸출한 인간임에는 틀림없다. 하지만 공자 역시 날 때부터 성인은 아니었으며 남의 비판에 유연하게 귀를 기울일 수 있게 되기까지는 부단한 노력과 시간을 들였다는 것을 알아야 한다. 공자가 자신의 성장을 떠올리며 했던 유명한 말이 있다.

"나는 열다섯 살에 학문에 뜻을 두었고 서른에 홀로 일어섰다. 마흔에 어떤 유혹에도 흔들리지 않았고 쉰 살에 천명을 알았다. 예순에는 남이 하는 말을 순순히 들을 수 있게 되었고 일흔이 되니 내 마음이 내키는 대로 해도 도리를 벗어나지 않게 되었다."

－제2편 위정

흔히 마흔 살을 '불혹不惑', 쉰 살을 '지천명知天命'의 나이라고 하는데, 이것은 바로 공자의 말에서 나온 표현이다. 나는 그중에서도 특히 "예순에는 남이 하는 말을 순순히 들을 수 있게 되었다"라는 대목을 현대인들이 주목해야 한다고 생각한다.

여기서 내가 말하고 싶은 것은 공자조차도 예순 살이 되어서야 비로소 그러한 경지에 다다랐다는 말이다. 학문에 뜻을 품은 것이 열다섯 살 때이니까 실로 45년의 수양이 필요했다. 물론 그전에도 완고하고 융통성이 없었던 것은 아니다.

예순이라는 나이도 나이지만, 남의 말을 순순히 듣게 된 것이 어떤 유혹에도 흔들리지 않는 마흔 살이나 천명을 알게 된 쉰 살보다 더 나중에 다다른 경지였다는 사실이 재미있다. 불혹이나 지천명은 확고한 신념을 지닌 모습, 언뜻 생각하면 궁극의 경지로 여겨지기도 한다. 그런데도 공자는 거기서 멈추지 않는다.

우리 사회에서는 다음과 같은 모습을 흔히 볼 수 있다. 능력이 뛰어나거나 성공한 사람이 마흔 살이 되고 쉰 살이 되어서 "내가 한 일은 정말 바른 것이었어" 하고 자신감 넘쳐 하는 모습 말이다. 나는 이러한 모습이 잘못됐다고 말하는 것은 아니다.

하지만 대부분의 사람들이 그만 거기에 주저앉아버리고 더 이상 나아가지 못하는 것이 사실이다. 때로는 그 상태로 굳어져버려 일종의 독선에 빠지기도 한다. 결국은 주위 사람들에게 나쁜 영향만 미치고 '늙은이의 폐해'라는 말까지 듣게 된다.

그렇기 때문에 멈추지 말고 끊임없이 배우며 더 나아가지 않으면 안 된다. 그렇게 해야 비로소 남이 하는 말에 순순히 귀를 기울일 수 있는 경지에 다다르게 된다. 그리고 마침내는 "내 마음이 내키는 대로 해도 도리를 벗어나지 않는" 경지에까지 이르게 되는 것이다. 그것이 바로 자신의 내부에 규칙이 내재화되어 있는 자유인의 모습, 즉 유연하고도 이치에 어긋남이 없는 이상적인 상태다.

현대사회는 역사상 유래를 찾아볼 수 없는 고령화 사회가 되었다. 그런 가운데 공자가 주장하는 유연하면서도 자유롭게 성숙해가는 방법은 하나의 이상적인 모습으로서 우리가 충분히 참고할 만한 가치가 있을 것이다.

지금까지 공자의 합리성을 비신비성, 실천성, 유연성이라는 세 가지 측면에서 바라보았다. 여기까지 읽은 독자들은 금방 알 수 있겠지만, 이 세 가지 측면은 모두 서로가 밀접하게 얽혀 있다.

사물을 신비화하지 않고 유연하게 대처해야만 비로소 현실을 똑바로 마주하고 실천적으로 행동할 수 있다. 또한 실천적이고 유연하게 대처함으로써 무의미한 신비화에 의존할 필요가 없어진다. 이 세 가지 측면은 그렇게 서로 긴밀하게 연결되어 있다.

—

군자는 궁지에 몰려도
그 모습을 잃지 않는다

—

공자의 인생이 언제나 순풍에 돛을 단 듯 순조롭게 풀린 것만은 아니었다. 공자는 만년에 고향을 떠나 무려 십사 년에 걸쳐 방랑생활을 해야만 했다. 어떤 이는 그것을 보고 "상갓집의 개(묵을 곳이 없는 개)와 같구나" 하고 말하기도 했다(《사기》의 〈공자세가孔子世家〉).

하지만 그 고난의 떠돌이 생활이 오히려 공자를 한층 더 성숙하게 만든 것은 분명하다. 그의 인격이 뿌리를 뻗어 내려간 듯한 느낌이라고 할까? 그렇게 보면 사실 공자가 자신의 인격을 더 완성시키기 위해 무의식적으로 힘든 방랑생활을 선택한 것이 아닐까 하는 생각이 들 정도다.

《논어》의 밑바닥에 흐르고 있는 방랑생활의 고됨은 현재를 살고 있는 우리도 충분히 공감할 수 있는 것들이다. 우리는 그것을 보며 단지 어느 천재적인 인간, 성공을 이룬 사람을 동경하게 될 뿐만 아니라, 삶에 대한 그의 방식이나 운명이 집약된 모습까지도 살펴볼 수 있다. 그것이 《논어》에 더 깊은 의미를 부여한다.

공자의 방랑은 그저 젊은 시절에 겪는 '쓴 추억'이 아니다. 청년 시절에 경험한 인생의 비애나 쓸쓸함을 표현한 예술가나 사상가는 많다. 피카소의 청색시대 그림들처럼 말이다. 그런 반면 공을 세우고 이름을 드높인 사람이 만년에 불운을 맞이하고 비참하게 생을 마감하는 경우도 적지 않다.

하지만 고난이나 비애가 반드시 젊은 시절에 찾아온다는 법은 없으며 또 나이가 들었다고 해서 그것을 견디지 못한다고 말할 수도 없다. 공자의 방랑생활은 그런 사실을 가르쳐준다는 점에서 의의가 있다.

공자가 위衛나라를 떠나 진陳나라로 갔을 때의 예를 들어보자.

진나라로 떠난 공자 일행은 그곳에서 위나라의 대부가 이레 동안 그들을 포위하는 바람에 결국 식량이 바닥나고 말았다. 함께 간 일행들은 굶주림으로 몸을 일으킬 수도 없는 지경이 되었다.

그런 상황을 본 제자 자로가 참다못해 화를 내며 스승에게 물었다. "군자도 궁할 때가 있습니까?" 어째서 이런 일을 당해야만 하는 것일까 하는 분노에 그만 그렇게 말해버린 것이다. 그때 공자의 대답은 다음과 같았다.

"군자도 물론 궁할 때가 있다. 소인은 궁할 때 마음이 어지러워 흐트러지지만, 군자는 흐트러짐이 없다."
-제15편 위령공

궁핍한 현실을 외면하지는 않으면서도 자신이 지켜야 할 도리를 다한다. 참으로 공자다운 말이다. 게다가 공자의 이 말은 곤궁한 상황에서 나온 말이기에 더더욱 강렬한 힘이 느껴진다. 앞에서도 말했지만 말이 지닌 '생생함'을 여실히 느낄 수 있는 부분이다.

《논어》의 말이 그때그때의 상황에서 나온 말이라는 사실이 이토록 잘 드러나는 장면도 없을 것이다. 그런 의미에서 방랑생활이 등장하는 부분은 《논어》의 원초적인 모습을 느낄 수 있는 좋은 예가 되기도 한다. 이 힘을 공자의 다른 말과 함께 느끼면서 읽는다면 말 하나하나가 더욱 빛을 발하게 될 것이다.

그런데 어떻게 그런 힘든 상황에서도 그토록 힘이 넘치는 말을 할 수 있었을까? 그것은 자신의 행동에 대해 강한 신념이 있었기 때문이다.

이런 일화도 있다. 환퇴桓魋(송나라 때의 대부. 공자가 송나라에 가서 제자들과 함께 큰 나무 아래에서 예를 익히고 있는데, 환퇴가 공자를 죽이려고 그 나무를 뽑았다고 한다-옮긴이)라는 사람이 공자 일행에게 위협을 가하려고 했을 때, 공자가 제자들에게 이렇게 말했다.

"하늘이 내게 덕을 내려주셨는데 환퇴 같은 인물이 나를 해하려고 한들 천명을 받은 내 몸을 어찌할 수 있겠느냐."
-제7편 술이

배움을 통해 몸에 익힌 자기己는 어떠한 궁지에 몰린다 해도 결코 빼앗기지 않는다. 그러고 보니 애제자 안회에게도 이런 일이 있었다.

공자가 광匡이라는 지방에 갇혀 위험에 빠져 있을 때, 안회는 그만 스승을 잃어버려 뒤처지고 말았다. 간신히 위험에서 벗어나 스승이 있는 곳에 이르렀다.

공자는 매우 기뻐하며 말했다. "죽은 게 아닌가 하고 생각했다. 살아 있어 다행이구나."

이 말에 안회는 "스승님께서 무사히 살아계시는데 어찌 제가 죽을 수 있겠습니까?" 하고 답했다.

—제11편 선진

앞에서 나는 공자의 방랑을 '고난의 떠돌이 생활'이라고 했다. 하지만 그 말이 불행을 의미하지는 않는다.

사랑하는 제자들 앞에서 자신의 모든 것을 있는 그대로 보여주지만 여전히 변함없이 제자들의 존경을 받는다는 것은 분명 하나의 행복이었음에 틀림없다. 함께 역경을 겪고 이겨내면서 서로의 결속이 더 단단해졌을 수도 있다.

그리고 무엇보다 고난을 고난으로 받아들이면서도 끝까지 도리에 어긋나지 않고 꿋꿋이 살아갈 수 있는 사람이라면 비록 나이가 들었다 하더라도 여전히 자신을 갈고닦아 빛을 발할 수 있다.

소인은 궁할 때 마음이 어지러워 흐트러지지만,
군자는 흐트러짐이 없다.

쓸모 있는
인격

평생에 걸쳐서
익히고 다듬어라

예전에 《현대어역 논어》를 집필하면서 가장 핵심으로 삼은 생각은 '배움을 중심으로 하여 인생을 만들어가자'는 것이었다. 이 책에서는 지금까지 앞에서 공자가 배움의 의의를 어떻게 생각했으며 배움이 무엇인지에 대해 여러 가지 예를 들며 설명했다.

《논어》에 나오는 이야기는 결국 '배움'의 이야기로 이어진다. 어떠한 다른 주제를 이야기하더라도 언제나 그 밑바닥에는 '배움'

의 중요성이 깔려 있으며 그것이 없으면 각각의 이야기가 성립되지 않을 정도다.

그런 의미에서 지금부터는 조금 새로운 관점에서 공자가 말하는 '배움'에 대해 찬찬히 생각해보려고 한다.

《논어》에서 말하는 '배움'이란 한마디로 말하자면 '기技의 습득'이라고 할 수 있다. 그렇다면 '기'란 무엇일까?

가장 먼저 그것은 사용하지 않으면 안 되는 것이다. 그런데 그것을 사용하려면 몸에 익혀야 한다. 또 몸에 익히기 위해서는 시간을 들여야 한다.

구체적인 예로 스포츠나 무예를 상상해본다면 쉽게 이해할 수 있을 것이다. 이 세계는 아무리 잘한다고 떠들어댄다 한들 말만으로는 아무 의미가 없는 곳이다. 게다가 아무리 재능이 뛰어난 사람이라 하더라도 꾸준한 연습과 훈련 없이는 절대로 기술을 몸에 익힐 수 없다. '기'도 마찬가지다.

자공이 공자에게 이렇게 말했다. "남이 시켰을 때 제가 하기 싫은 일은 저 또한 남에게 시키지 않으려고 합니다." 그러자 공자가 이렇게 답했다.

"자공아, 그것은 네가 할 수 있는 일이 아니다."
−제5편 공야장

언뜻 듣기에는 참 쌀쌀맞은 말처럼 생각될 수도 있다. 물론 공자 역시 자공이 한 말에는 분명 찬성했을 것이다. 그도 그럴 것이 다른 사람도 아닌 자공이 "평생에 걸쳐 실천하고자 하는 가치 있는 것을 한 단어로 말하면 무엇입니까?"라고 질문했을 때 공자는 이렇게 답했다.

"그것은 '서恕', 즉 배려다. 네가 당하고 싶지 않은 일은 남에게도 해서는 안 된다."
−제15편 위령공

이렇듯 공자도 자공의 말과 같은 뜻을 품고 있었다. 그런데도 공자는 어째서 그리도 심술궂게 말했을까?

이 말은 자공이 감히 할 수 있는 일이 아니라는 뜻은 아니다. '소질이 없으니 노력해도 소용이 없다'라는 사고방식은 공자의 사상과는 가장 동떨어져 있다.

공자는 "너는 그것을 너무 가볍게 생각하고 있는 게 아니냐?",

"하나의 덕목을 제대로 몸에 익힌다는 것은 평생에 걸쳐 실천해야 하는 수행이다"라는 말을 전하고 싶었던 것이다.

'인'이란 이런 것이고 '의'는 이런 것이구나, 하는 식으로 덕을 쉽게 이해하고 몸에 익힐 수 있다고 생각한다면 곤란하다. 공자는 덕은 입으로만 실천하는 것이 아님을 단호히 알려주고 싶었던 것이다.

—

배움을 토대로 덕목을 세워야 인간이 바로 지어진다

—

스포츠나 무예에서 말하는 '기'는 우리 몸의 움직임이기 때문에 눈으로 바로 볼 수 있다. 몸에 익혔는지 그렇지 않은지 판단하기가 비교적 수월하다는 말이다. 그러나 '마음'이란 것은 그 자체로는 좀처럼 파악할 수가 없다. 즉 덕을 몸에 익혔는지 아닌지를 판단하기란 무척 어렵다.

공자의 학문을 획기적이라고 할 수 있는 이유는 마음을 스포츠나 무예의 '기'와 같이 몸에 익힐 수 있는 것으로 정확히 대상화했다는 점, 그리고 그것을 몸에 익히기 위한 '매뉴얼'을 만들었다는 점 때문이다. 이것은 그야말로 굉장하다고 할 수 있다.

마음이라는 말을 들었을 때 현대인들은 그것이 대충 무엇을 말하는지 어렴풋하게나마 알 수는 있다. 마음을 연구하는 심리학이라는 학문도 있으니까 말이다. 하지만 인류사를 되돌아보면 인류는 처음부터 마음이라는 개념을 가지고 있지는 않았다. 개념을 가지기는커녕 애초에 '마음이란 게 무엇일까?'라는 생각조차도 하지 못했다.

'마음의 역할'은 분명히 있다. 그렇기 때문에 우리는 먹을 것을 원하고 사랑하는 사람이 있었으면 하고 바라며 집이나 권력 등을 소유하고 싶다고도 생각한다. 슬퍼하기도 하고 기뻐하기도 한다. 하지만 그런 것들이 마음과 어떤 관련이 있고 또 그것을 어떻게 구축해가는 것일까 하는 문제와는 또 다른 이야기다.

마음이 무엇일까? 마음은 어떻게 만들어질까? 그런 생각은 그저 가만히 있어도 자연스럽게 생겨나는 발상이 아니다.

야스다 노보루가 쓴 《신체감각으로 논어를 다시 읽다》라는 책에 따르면 공자가 살아 있던 춘추시대에는 '마음 심心'이라는 글자가 생겨난 지 얼마 되지도 않았으며 '心'이라는 글자가 붙어서 만들어진 한자(물론 지금은 그 수가 무척 많지만)도 매우 적었다고 한다.

그런데 《논어》에서는 이미 그 말의 중요성을 인식하고 있다. 그렇다면 《논어》에서 생각하는 '마음'이란 무엇이었을까? 그것은 우리가 생각하는 희로애락喜怒哀樂으로 대표되는 감정과는 조금 다르다.

《논어》에서는 마음을 '반성하는 대상'이라고 보았고 또 그것은 '만들어가는 것'이라는 의미가 강했다. 감정, 즉 '그저 그곳에 있는 것'과는 다르다고 생각했다. 그 마음이라는 대상을 만들어가는 토대를 세우는 작업이 바로 '배움'이다.

이렇게 배움을 기초로 마음을 만들어감에 따라 비로소 마음을 몸에 익힐 수 있다. 몸에 익히고 나서야 비로소 그것을 사용할 수 있게 되는 것이다.

'지', '인', '용'이라는 덕목 역시 이 덕목을 토대로 하여 세워진 기둥과 같다. '인'은 덕목 중에서도 가장 높고 중심이 되는 기둥이다. 그렇기 때문에 '인'이 단단하지 않으면 다른 덕이 제대로 서지 못한다. '용'이나 '지'만 따로 튀어나와버리면 균형이 맞지 않는 건

축물이 되고 만다.

말할 필요도 없이 당연한 것이겠지만, 여기서 주의해야 할 점은 '인' 자체도 역시 하나의 기둥이라는 사실이다. 그렇기 때문에 모든 덕목들의 토대가 되는 배움이 절대적으로 필요하다.

'인'에 대해서는 나중에 다시 설명하겠지만, 공자는 '인'을 타고난 덕이라고 생각하지 않았다. 어쩌면 처음부터 타고난 사람도 있을지 모르겠지만, 어디까지나 예외일 뿐이며 기본적으로 그것은 배움을 통해 다다를 수 있는 경지다. 배움이라는 토대 없이는 '인'조차도 만들어갈 수 없다는 것이 바로 공자의 생각이다.

이처럼 토대가 되는 배움과 기둥이 되는 덕목을 통해 비로소 '마음'을 만들고, 나아가서 자기 자신을 이룰 수 있다는 것이 더없이 분명해졌다.

하나하나의 기둥이 제각각 서로 균형을 이루며 단단히 서 있어야 하는 것도 이런 예를 들면 쉽게 이해할 수 있을 것이다. 기둥 하나만 떡하니 세워져 있다면 그것은 장점이 되기는커녕 오히려 방해가 될 뿐이다.

이렇게 해서 튼튼한 건물을 짓기 위해서는 각각의 부분들이 균형을 이루는 것이 중요하다는 사실이 보이기 시작한다. "덕은 외롭지 않다. 반드시 함께하는 이웃이 있다"는 공자의 말을, 건축

물을 예로 들어 다시 해석해보면 "기둥은 하나만 고립시켜 세우지 않는다. 반드시 다른 기둥과 균형을 이룬 채로 세워야 한다"는 뜻으로 읽을 수 있지 않을까?

이렇게 공자는 '마음'을 만들어가는 법을 매우 선명한 방법으로 제시했다. 그것은 평범한 사람들도 이해할 수 있고 또 실제로 실천할 수 있는 방법이기도 했다.

배움이 왜 중요한지 또 어떻게 배움을 중심으로 해서 인생을 만들어갈 수 있는지를 이처럼 훌륭하게 보여준 교육자는 아마도 공자 외에는 없을 것이다.

배움을 기초로 마음을 만들어감에 따라
비로소 마음을 몸에 익힐 수 있다.

—

마음먹은 것으로 만족한다면
세상일은 아무것도 바뀌지 않는다

—

이렇게 공자가 생각하는 '마음'은 '각각의 덕목이 만들어가는 것' 그리고 '실제로 사용할 수 있는 것'이기 때문에 한 개인의 내면에 만 담아두는 것이 아니다. 배움이란 자신의 바깥에서 정보를 얻어 그것을 받아들여가는 과정이다. 그리고 그것을 사용한다는 말은 실제로 사회 속에서 활용한다는 말이다.

그렇게 함으로써 나라를 다스릴 때는 어떻게 해야 좋을지 또 삶을 어떻게 살아야 할지 등등, 행정적인 문제부터 개인의 인생 문제에까지 연결시켜 생각할 수 있다.

아니, 연결시킨다기보다는 처음부터 떼려야 뗄 수 없는 하나의 성질을 지닌 두 측면이라고 생각하는 편이 더 좋을 것이다.

《논어》에서는 나랏일을 결정해야 하는 상황에서 '도를 깨우치지 못했다' 또는 '인이 부족하다' 등의 표현을 자주 볼 수 있다. 현대사회에서 생각하면 개인의 도덕과 행정상의 문제는 별개의 문제가 아닌가 하고 생각하기 쉽겠지만, 사실은 그렇지 않다.

'마음'은 내면에만 존재하는 것이 아니다. 행동으로, 그것도 단지 개인적인 행동뿐만 아니라 상황 속에서 사회적인 책임을 지는 형태로 표현하지 않으면 안 된다. 생각하는 것만으로는 가치를 지니지 못한다.

남에게 해를 끼치는 행동을 하고 싶지 않다는 자공에게 공자가 "너에게는 무리한 일이다"라고 말한 것도 '그런 마음을 가지는 것만으로 충분하다고 생각한다면 결코 실현할 수 없다'라는 생각에서였다.

물론 자신의 '마음'이 내린 판단이 사회와 연결된다고 하더라도 혹여나 독선에 빠지면 곤란할 것이다. 그렇기 때문에 개인이나 사회를 더 크게 품어주는 존재로써 '하늘天'이나 '생명命' 또는 '도리道' 등이 있다고 말하는 것이다.

이것은 역사의식이라고 해도 좋으며 종교적인 감각이라고 할 수도 있다. 개개의 인간이나 각각의 사회를 초월한 보다 큰 기준을 말한다.

공자는 신비적인 것을 말하지 않겠다고 했지만, '하늘'에 대해서는 때때로 강한 어조로 말했다. 하지만 그렇다고 해서 그것을 특별히 신비적인 존재로 보지는 않았다. 개인과 사회를 함께 아우르면서도 가장 큰 관점과 의식을 지닌 존재, 또 나아가야 할 길이 제대로 되었는지 확인해주는 존재로 생각했다.

우리는 거대한 무언가에 단단히 붙들어 매여 있다는 의식이 있으면 신념을 가지고 행동할 수 있다. 그래서 '마음'은, 말하자면, '내면적인 마음'과 '나를 둘러싼 사회', '개인과 사회를 두루 감싸는 커다란 의식' 등이 하나로 잘 융합되어 있는 것으로 생각할 수 있다.

다시 '배움'에 대한 이야기로 돌아가보자. 《논어》에서 공자는 배움의 중요성을 강조하면서 이렇게 말했다.

"나는 예전에 하루 종일 먹지도 않고 밤새도록 자지도 않았으며 끊임없이 생각만 했던 적이 있었는데, 전부 부질없는 일이었다. 배우는 편이 낫다."

-제15편 위령공

공자는 혼자서 생각하는 것이 그다지 효과적이지 않다는 말을 하고 있다. 이 말은 지금 우리가 듣기에는 조금 역설적으로 들린다. 요즘 시대는 오히려 그 반대의 말들이 유행하고 있으니까 말이다.

"배우는 것도 좋지만 먼저 자신의 머리로 사고하는 것이 중요하다." 우리는 이런 말을 들으면 바로 고개를 끄덕일 뿐더러 당연한 말이라고도 생각한다. 하지만 공자는 배우는 것이 더 효율적이라고 말한다.

물론 공자가 사고하기의 중요성을 부정하고 있다는 말은 아니다. 실제로 공자는 이렇게 말하기도 한다.

"밖에서 아무리 배운다고 한들 스스로 생각하지 않으면 진정으로 알 수 없다. 자기 스스로 생각한다 해도 밖에서 배우지 않는다면 독단에 빠져 잘못을 저지를 위험이 있다."

'중용'을 지키는 사람이었던 공자는 여기서도 그 균형 감각을 잘 보여준다. 양쪽은 모순되는 것이 아니라 서로 보완해가는 것이다. 하지만 굳이 따지자면 배움이 더 중요하다는 말이다.

앞에서도 말했듯이, 공자가 생각하는 '배움'은 스포츠나 무예를 익히듯 신체적인 기능을 연마한다는 의미의 '기를 몸에 익히는 것'임을 떠올리면 쉽게 이해할 수 있을 것이다.

스포츠나 무예에서는 어떤 방법이 효율적인지 또 훌륭한 동작은 어떻게 해야 하는지 등 사소한 부분까지 전부 형식으로 정해져 있다. 야구나 유도를 배울 때 형식적인 면은 뒤로 한 채 처음부터 나만의 독창적인 투구법이나 기술을 익히려고 한다면 이상한 버릇만 들 뿐 결국 내 것으로 만들 수 없을 것이다.

현대인들은 공자를 사상가라고 생각한다. 물론 공자는 틀림없이 사상가이다. 하지만 공자를 '독창적인 것을 추구하여 완전히 새롭고 창조적인 생각을 한 사람'이라고 여긴다면 조금 잘못된 생각일 것이다. 공자는 스스로를 이렇게 말했다.

"나는 옛 성인들이 한 말을 전할 뿐 창작은 하지 않는다. 나는 옛 성인을 믿으며 고전을 중하게 여긴다. 일찍이 은나라에 노팽老彭이라는 사람이 있어 옛 사람들의 말을 믿고 전했다. 나는 가만히 이 노팽이라는 사람에 나를 빗댄다."
-제7편 술이

물론 이렇게 옛 성인들에게서 배우고 그들의 말을 듣고 전하면서 이런저런 시행착오를 거듭하다 보면 결과적으로 독창적인 것, 새로운 것이 창조될 때가 있다.

실제로 역사를 거슬러 올라가보면 공자는 유교, 아니 동양사상사에서 보더라도 매우 획기적인 인물이다. 나 역시 공자의 말에서 새로운 생각이 생겨나고 시작되었다고 여긴다.

하지만 그것은 새로운 것의 창조를 목적으로 했기 때문이 아니다. 그렇다기보다는 먼저 목표를 설정하고 꾸준히 그것을 추구하다 보니 자연히 새로운 무언가가 생겨났던 것이다. 스포츠나 무술을 보더라도 새로운 방식의 플레이나 참신한 기술이 계속 이어지며 역사 속에 등장해왔다. 그것과 비교해보면 한층 이해하기 쉬울 것이다.

생각하는 것만으로는 가치를 지니지 못한다.

—

조그만 틈을 메워야
단단한 인격을 지닐 수 있다

—

이런 방식으로 배움을 실천하려고 할 때 필요한 것이 무엇일까? 목표로 삼아야 하는 것, 즉 '본보기'가 필요하다. 본보기에는 여러 가지의 형태가 있을 수 있겠지만 우선 그중에 하나로 고전적인 '교과서'를 들 수 있다. 《논어》에 나오는 예를 들자면 《시경》이나 《서경書經》이 있다. 그리고 '사람'도 본보기로 삼는다.

　《논어》에는 인물에 대한 비평이 자주 등장하는데 아마도 훌륭한 인물을 자신의 본보기로 삼자는 의식이 강했기 때문인 것 같다.

앞에서도 말했지만, '보다 선한 삶'을 위한 가르침을 전하고자 할 때는 '인격' 혹은 '살아 있는 인간 그 자체'로서 접근해야 중요한 것을 빠뜨리지 않고 제대로 전할 수 있다. 다만 인물을 비평하려고 할 때는 그렇게 함으로써 '본보기'를 찾아 스스로 배우기 위한 수단으로 여겨야 할 뿐, 비평을 위한 비평을 하며 잘난 체해서는 안 된다.

어느 날 자공이 누군가를 비평하다가 공자에게 꾸지람을 들은 적이 있다. 꾸지람의 이유는 아마도 자공이 비평을 통해 스스로 무언가를 배우고자 하는 마음이 없어 보이기 때문이었을 것이다.

그다음으로 본보기가 되는 것은 '예'이다. 예는 곧 '형식'이다. 이럴 때는 이렇게 해야 하며 저런 경우는 저렇게 해야 하는 등 어떤 상황에서 어떻게 행동해야 하는지가 '예'로 정해져 있다. 그것은 자신이 하나하나 생각해서 만드는 것이 아니다('예'에 대해서는 뒤에서 다시 자세히 설명하겠다).

이처럼 본보기로 삼는 것으로 '시'나 '예' 또 '인물'을 들 수 있는데, 여기에 또 하나 간과해서는 안 될 요소가 있다. 바로 스승의 존재, 그리고 스승이 제자에게 전하는 말이다.

공자가 제자들의 질문에 대해 한 사람 한 사람에게 맞는 대답을 해주었다는 것은 앞에서 이미 말했다. 그런데 또 하나 특별한 점은 제자들이 그 말을 어떻게 간직하고 다루었느냐 하는 것이다.

공자의 말은 각각의 상황에서도 딱 들어맞기도 했지만 오히려 오랜 시간이 지나서 더 효력이 드러난다. 그리 길지 않은 말인데도 그 말 하나하나는 사물의 본질을 꿰뚫고 있다. 제자들은 그 말을 새겨듣고 소중히 여기며 자신의 것으로 만들려고 노력했다. 어떤 제자는 공자의 말을 들은 뒤에 그것을 잊어버리지 않도록 입고 있는 옷 띠에 옮겨 적고는 평생의 보물로 간직하기도 했다. 보물이라고 해서 소중히 간직하고만 있었던 것은 아니며 숫돌처럼 자신의 마음을 갈고닦는 데에 사용했다.

공자의 말을 몸에 익히는 데에 걸리는 시간은 아마도 3년이나 5년 정도는 아니었을 것이다. 그것은 10년 혹은 20년이 지나야 어느 정도 달성할 수 있는 말, 그 정도의 기나긴 시간이 필요한 말이었을 것이다. 그것이 '배움의 길'을 닦아준다.

지금 현재의 자신과 앞으로 이루고자 하는 목표 사이에는 벌어진 틈이 있겠지만, 제자들은 그 틈을 메워간다는 느낌으로 한 발 한 발 이상을 향해 다가간다. 본질적인 말은 몸에 익히는 데에도 시간이 걸린다.

하지만 그렇다고 해서 초조한 마음에 너무 많은 말을 한꺼번에 집어넣으려다가는 오히려 역효과만 나기 쉽다. 무술의 경우에도 제자가 하나의 기술을 완전히 익힐 때까지 스승은 다른 기술을 가르치지 않는다.

나카지마 아쓰시가 쓴 책 중에 《명인전》이라는 소설이 있다. 궁술의 명인을 소재로 한 일종의 우화 같은 이야기인데, 그 내용 중에 궁술을 가르칠 때 가장 먼저 눈을 깜박이지 않는 훈련부터 시작하는 장면이 나온다. 주인공은 아내가 베틀로 천을 짜고 있는 모습을 옆에 드러누워서 바라본다. 베틀이 쉴 새 없이 움직이는 모습을 바라보면서 눈을 깜박이지 않도록 애를 쓴다. 그렇게 먼저 눈부터 훈련을 시작한다. 그리고 그것을 터득하는 데에 꼬박 2년이 걸린다.

그 과정이 끝나면 이번에는 머리카락에 이를 매달아놓고 가만히 그것을 지켜보는 훈련을 한다. 마치 이가 말처럼 커 보일 때까지 노력한다. 이 연습을 또 3년 동안 계속한다.

그런 식으로 훈련하다가는 평생 가도 정작 활 쏘는 일은 하지도 못하겠다고 생각할지도 모르겠다. 하지만 그렇지 않다. "이렇게 눈을 단련하는 기초훈련에 5년을 쏟은 보람이 있어 그 후에 주인공의 실력은 놀랄 만큼 빨리 늘었다"고 소설에 쓰여 있다.

소설 속 이야기인 데다 부적 코믹하게 그려지기는 했지만, 무술을 훈련하는 모습에는 분명히 그런 면이 있다.

그럼 이번에는 현대의 예를 들어보자. 예전에 나는 유도선수 노무라 다다히로와 대담을 한 적이 있다. 그때 노무라가 다음과 같은 인상 깊은 말을 했다.

"무조건 꽉 잡고 확실하게 내던집니다. 제 경우는 특히 엎어치기를 사용하죠. 무조건 철저하게 엎어치기를 하는 겁니다. 경기에서 이기고 지고 하는 일이야 어릴 때부터 쭉 있었지만, 그런 것에 휘둘리지 않고 어쨌든 확실하게 엎어치기 기술을 겁니다. 그 엎어치기 기술만 완벽하게 터득하면 나머지는 한두 가지 기술만 있어도 틀림없이 상대방을 쓰러뜨릴 수 있죠. '내 기술은 절대 지지 않는다.' 결국엔 이렇게 강한 믿음을 가지게 됩니다. 그런 연습을 쭉 해왔습니다."

이것이 바로 한 가지의 기술을 5년, 10년, 20년에 걸쳐 갈고닦는다는 말이다. 그는 가장 기초적인 연습을 반복하여 그것을 몸에 익히는 데에 주력했다. 이 과정을 통해 세계 최정상에 올랐고 올림

픽 3연패를 달성하는 위업을 이룰 수 있었다.

어느 한 가지 기술, 하나의 말, 하나의 덕목을 몸에 익힌다는 것은 그 자체를 오롯이 내 것으로 만드는 일이며, 동시에 배움의 방식과 방향이 어긋나지 않도록 올바른 쪽으로 향하게 하는 일이다.

얻기 위해 발버둥치는 자만이
원하는 것을 얻는다

앞에서 말했듯이 주어지는 말이나 덕목이 반드시 새로워야 하는 것은 아니다. 서양문명의 흐름 속에서 생겨난 근현대의 학문을 공부하다 보면 학문의 목적은 무언가 새로운 것을 발견하는 것이라고 착각하기 쉽다.

물론 현대의 과학적인 학문은 그렇다고 말할 수도 있다. 그리고 그것의 오래된 원천인 고대 그리스에서처럼 진리를 '새로운 인식'이라고 여기는 것 역시 인간이 가져야 할 중요한 생각인 것도 맞다.

그렇지만 공자의 학문은 '무엇이 중요한가'를 처음부터 다시 생각하는 것이 아니다. 무엇이 중요한지는 이미 알고 있기 때문이다. 그것은 벌써 오래전에 발견되었으며 지금까지 이 세상에 이어져왔다.

공자는 거기에 방향성을 제시하는 말을 전해준다. 그러면 제자들은 그 말을 가슴속에 새긴다. 공자와 제자들은 그렇게 관계를 유지해갔다. 하지만 다만 무엇을 목표로 해야 할지 잘 알고 있다고 해서, 또 스승이 배움의 길을 가르쳐준다고 해서 그것만으로 목표에 다다를 수는 없다. 배움이라는 것은 소극적인 태도가 아니다. 가장 중요한 것은 배우고자 하는 자신의 마음이다.

공자는 "아침에 도를 들으면 저녁에 죽어도 좋다"고 말했는데, 이처럼 '도(진리)'는 자기 스스로 발견하지 않고 남에게 들어서 얻는 것이라 해도 상관없다. 다만 도를 듣는다면 바로 죽어도 좋다고 말할 정도의 정열적인 태도가 필요하다.

이렇게 배움을 위해서는 주체성이 무엇보다도 중요하다고 공자가 거듭 강조하는 모습을《논어》여기저기에서 볼 수 있다.

"인간이 성장하는 길은 산을 만드는 것과도 같다. 앞으로 한 삼태기의 흙만 운반하면 산이 완성될 터인데 흙이 모자라서 그만두었다 해도 그것은 자신이 그만둔 것이다. 한 삼태기의 흙을 뿌려 땅을 평평하게 고를 수 있었다면, 비록 한 삼태기의 흙이었다 해도 그것은 자신이 한 발 앞으로 나아갔다는 뜻이다."
-제9편 자한

제자들이 학문을 배울 때 공자가 그들을 도와줄 수는 있겠지만, 제자들을 대신하여 배울 수는 없다. 현대의 자연과학이라는 학문에서는 누군가 올린 성과를 다른 사람이 이용할 수 있다. 하지만 지금까지 말했던 것처럼 공자가 생각하는 학문은 그러한 것이 아니다.

그렇기 때문에 배우고자 하는 의욕이 없는 사람에게는 아무리 말을 전한다고 한들 의미가 없다.

"알고 싶은데도 알려고 애쓰지 않으면 가르쳐주지 않겠다. 말하고 싶은데도 말이 안 나와 답답해하지 않는다면 제대로 말할 수 있도록 지도하지 않겠다. 네 모퉁이 중에 하나의 모퉁이를 알려주었는데도 나머지 세 모퉁이를 추측해서 알아차리지 못하면 거듭해서 가르쳐주지는 않을 것이다."
–제7편 술이

대부분의 사람은 소질로 보면 누구나 발전할 수 있는 가능성을 지니고 있다. 그렇지만 의욕이 없는 사람이라면 어찌할 도리가 없다. 물론 공자가 요구하는 '의욕'의 단계는 매우 높을 것이다. 제자들은 많았지만, '학문을 즐긴다'는 말을 붙여도 좋을 만한 사람은 거의 안회뿐이었다. 달리 말하면, 학문을 향한 의욕은 그만큼 중요하며 모든 것의 토대가 된다.

공자는 자신의 능력이나 덕목을 자랑스러워하지는 않았지만, 학문을 향한 의욕은 어느 누구에게도 뒤지지 않는다고 생각했던 것 같다.

"집이 열 호 정도밖에 없는 작은 마을이라 하더라도 나만큼의 덕을 지닌 사람은 틀림없이 있을 것이다. 그렇지만 나만큼 학문을 좋아하지는 않을 것이다."
–제5편 공야장

학문을 사랑한다는 점에서 보면 우리는 공자에 훨씬 못 미치는 곳에 있을지도 모른다. 하지만 《논어》를 읽고 있으면 공자의 학문에 대한 의욕에 감탄하고, 거기에 더해 배우고 싶은 의욕이 용솟음침을 느낄 수 있다.

《논어》는 배움의 의의를 설파할 뿐 아니라 우리에게 학문에 대한 의욕을 북돋아주는 책이기도 하다.

가장 중요한 것은 배우고자 하는 자신의 마음이다.

—

다름을 배척하기보다
모순의 에너지를 받아들여라

—

약 2,500년 전 중국에서 《논어》의 기초가 되었던 대화가 이루어지고 있던 무렵, 그리스에서는 플라톤이 소크라테스를 주인공으로 한 대화편이라는 책을 하나씩 쓰고 있었다.

서양에서 플라톤의 저작은 《성서》에 버금가는 고전으로 자리매김했다. 이 책은 《논어》와 마찬가지로 '배움의 의의'를 설파했을 뿐 아니라 '대화'라는 방식으로 쓰였다. 이렇게 두 저작이 많은 부분 일치한다는 사실이 참으로 흥미롭다.

그런데 이 위대한 두 고전에는 공통점과 함께 서로 다른 점도 존재한다. 이번에는 두 고전의 공통점과 차이점에 주목하여 서양과 동양의 학문 방식에 대해 말해보려고 한다.

공자, 그리고 플라톤이 묘사한 소크라테스 두 사람은 모두 '진리'를 추구한 사람들이다. 여기서 두 사람이 말하는 '진리'란 자연과학적인 의미에서 생각하는 사실을 말하는 것이 아니라 '인간으로 살아가는 것은 어떤 것인가' 하는 문제에 대한 답을 뜻한다. 그리고 그 진리를 추구하는 데에는 대화가 중요한 역할을 한다는 것도 공통된 점이다.

한편, 두 고전을 서로 비교하며 읽어보면 《논어》가 짧은 단편으로 구성되어 있는 것에 비해 플라톤의 저작은 매우 길다는 것을 금방 알 수 있다. 《국가》나 《법률》 같은 대작의 경우는 《논어》 전체보다 분량이 훨씬 많다.

《논어》와 플라톤의 저작이 처음부터 다른 집필과정을 거쳐 태어난 책이라는 사실을 생각해보면 이는 그리 이상한 일도 아니다. 하지만 나는 여기서 역시 애초부터 둘 사이에는 대화하는 방식, 달리 말하면 사물을 탐구하는 의식 자체에 차이가 존재함을 생생히 느낀다.

이 책의 주제이기도 해서 이미 여기저기 서술하기도 했지만, 《논어》의 대화는 대부분 한두 번의 대화를 주고받는 것으로 끝이 난다. 먼저 제자가 질문한다. 그러면 공자가 그에 대답한다. 이런 방식을 기본으로 하여 제자들은 스승에게서 얻은 말을 새겨들으며 성장해간다.

그런데 플라톤의 책들에 나오는 대화는 한 번 질문하고 한 번 대답하는 방식으로 끝나지 않는다. 실로 장대한 토론이 이어지는 것이다.

그것은 때로 연설로 발전하기도 한다. 《향연》이라는 작품에서는 축하연이 벌어지는 자리에서 사랑(에로스)이란 무엇인가라는 주제에 대해 여러 사람들이 저마다의 이론을 주장하며 끝도 없이 대화를 펼친다. 게다가 서로 경쟁하는 듯한 느낌으로 말이다. 하지만 《논어》에서는 안회나 자로 또는 자공과 같은 제자들이 "'인'이란 무엇인가"에 대해서 자신의 생각을 드러내며 연설하는 장면을 상상하기란 쉽지 않다.

또한 소크라테스의 대화편에서 흔히 사용되는 설정은 소크라테스가 어떤 주제를 놓고 계속해서 상대방으로부터 질문을 이끌어

내면서 토론을 이어가는 식이다. 소크라테스는 철저하게 질문하는 쪽에 서 있다.

예를 들면 '아름다움이란 무엇인가'라는 주제로 대화할 때 소크라테스는 "나는 아름다움이 무엇인지 전혀 알지 못합니다"라고 말한다. 그런데 다른 누군가는 '아름다움은 이러이런 것이다'라고 말한다.

그러면 소크라테스가 다시 말한다. "아름다움은 그런 것이라고 당신은 말하지만 나는 거기에 대해 이런 의문이 드는군요. 그렇다면 그 문제는 어떻게 해결할 건가요?" 이런 식으로 꼬리에 꼬리를 물듯 계속해서 질문을 이어간다. 소크라테스의 질문에 대답하다 보면 상대방은 마침내 자신이 막다른 곳에 몰리게 된 것을 깨닫게 된다. 그리고 결국 이렇게 말할 수밖에 없다. "아아, 죄송합니다. 처음에 '아름다움이란 이런 것이다'라고 한 제 생각이 잘못일지도 모르겠군요."

사실 소크라테스의 목적은 상대방을 그런 입장에 다다르게 하여 스스로를 반성하게 하려는 데에 있다. 다시 말해 소크라테스 자신이 주장하고 싶어 하는 명확한 사상이 없다. 하지만 이런 행동은 단지 상대방을 괴롭히며 즐기려는 것이 아니다. 중요한 것은 그런

과정을 통해 스스로 무지함을 자각(무지無知의 지知)하게 되고 거기서 '지를 향한 사랑philosophy'이 솟아난다는 사실이다.

일단 여기에서 공자의 입장과는 차이가 있다. 공자는 추구해야 할 것이 무엇인지 이미 분명히 정해놓았다. "'인'이란 무엇인가"에 대해 생각하기는 하지만, 여러 가지 다른 의견이 모아진 결과에 따라 '인'이라는 것이 오히려 더 알 수 없어진 경우는 없다. 그 정도로 끝까지 파고들지는 않는다.

앞에서 말했듯이 《논어》에서는 추구해야 하는 바가 명확하며, 문제는 그것을 얻기 위한 회로에 어떻게 하면 들어갈 수 있는지, 또 어떻게 해서 그 회로에서 벗어나지 않고 나아갈 수 있을지를 고민한다.

그 문제에 대해 소크라테스나 플라톤이 추구한 것은 철저한 의미에서의 '인식'이다. '보다 나은 삶'이라는 최종 목표는 같지만, '몸에 익히기 위해 이런저런 방법을 강구할지' 또는 '철저히 인식할지'에 따라 사상의 방식이 달라진다. 소크라테스가 토론을 하면서 취했던 단계, 즉 상대방을 모순으로 몰아서 보다 높은 단계로 이끄는 방법은 그 후 서양 학문의 전통적인 방식이 되었다.

근대철학의 거물 헤겔은 이런 전통적인 방법을 세련된 형식으로 정식화하여 자신의 철학을 이루는 주요한 방법론으로 삼기도 했다. 그것이 바로 '변증법'이다.

변증법은 일단 무언가를 주장하는 내용을 세운다(정正: 테제 These). 그것이 완전한 진리라고 한다면 그것으로 충분하겠지만, 그렇지 않다. 그러면 그에 반대하는 주장이 나온다. 그것이 안티테제 Antithese(반反)다.

그리고 이 모순된 테제와 안티테제를 맞붙게 해서 테제도 안티테제도 아닌 보다 높은 단계(합合: 진테제Synthese)를 이끌어내는 구성이다.

서양에는 이러한 지적 전통이 있다. 이 전통은 헤겔에 이르러 끝난 것이 아니라 현대 서양사회에도 꽤 깊숙이 뿌리내려 살아 있다. 그렇기 때문에 서양적인 사고방식으로는 서로 논쟁을 벌이는 것은 나쁜 것이 아니며 반대 의견, 즉 안티테제를 내세우는 것도 나쁜 일이 아니다. 거기에서 생겨나는 '모순'조차도 어떤 의미에서 보면 환영받는 일이다. 모순은 에너지가 된다. 모순이 있기 때문에 그야말로 한 단계 더 높은 인식이 생겨나게 되는 것이다.

《논어》의 방법론과는 다르지만, 현대사회는 이미 서양적인 전통의 영향을 많이 받고 있으며 그러한 사실을 무시할 수 없는 시대가 되었다. 어느 쪽이 좋다는 식으로 간단히 판단할 수는 없는 문제이지만, 서로 다른 전통이 존재하고 각각에는 고전의 영롱한 지혜가 담겨 있다는 사실은 잊지 않아야 할 것이다.

© 조규형

모순은 에너지가 된다.

인간의 축을
바로 세워라

—

'예'를 통해 얻는 것은
겉치레가 아닌 마음이다

—

이제는 《논어》에서 뽑은 두 가지의 키워드에 관해 이야기해보겠
다. 바로 '예'와 '인'이다. 이것 말고도 중요한 개념은 많지만, 이
두 가지 덕목을 제대로 이해하면 《논어》를 읽을 때 크고 중요한
'줄기' 부분이 보이기 시작할 것이다.

　　먼저 '예'를 살펴보자. '예'는 현대에서 보면 그 의미가 가장
쇠퇴해져버린 덕목 가운데 하나일 것이다. 하지만 그래도 여전히

'예'는 문화의 기본이다. 예전에 우리가 초등학교나 중학교에 다녔을 때는 수업이 시작되기 전에 모두 일어서서 "차렷! 경례!" 하고 인사부터 했다.

유도나 검도 같은 무술에서도 경기가 끝난 뒤 승자는 패자에게 마치 보란 듯이 우쭐거리는 몸짓을 보여서는 안 된다. 혹시라도 그런 사람이 있다면 온갖 비웃음을 사고 말 것이다.

이렇듯 '예'를 존중하는 문화의 근본을 더듬어 올라가 보면 동양에서는 결국 유교, 즉《논어》의 세계에 다다르게 된다. 사실 현대사회에서는 '예'에 대한 이미지가 그다지 좋지 않을지도 모른다. '예'라는 덕목이 사람들로부터 자주 손가락질을 당하는 이유는 그것이 형식적이라고 생각되기 때문이다. 사람들은 '형식에만 얽매이다 보면 정작 정말로 중요한 것을 잃어버리기 쉽다'고 비판한다.

물론 사람들이 그렇게 비판하는 데에는 일리가 있다. 오히려 공자 자신도 그런 생각에는 매우 자각적인 입장을 보이기도 했는데, 그 문제는 뒤에서 다시 다루겠다.

그런데 '예'가 형식적이라는 데에서 비판을 받기는 하지만, 사실 '예'가 지니는 강점은 오히려 그것이 형식적이라는 데에 있다. 물론 '내면적인 마음이 더 중요하다'라는 말은 분명 맞다. 하지만 마음속에서 벌어지고 있는 일은 밖으로 드러내지 않으면 누구에게도 전달되지 않는다.

그리고 마음속의 생각을 각 사람들에게 맞는 방식으로 표현한다고 해도 역시 모든 사람들에게 완벽하게 통하지는 않을 것이다. 그래서 우리는 어떤 정해진 형식이나 틀을 만들어 그것을 통해 내면을 전달하고 표현할 수 있게 된다.

뒤집어서 말하면 형식의 목적은 내면의 마음을 전달하기 위함이다. 그렇기 때문에 '마음이 담겨 있지 않은 형식'은 의미가 없다고 할 수 있겠다. '예'란 일단 '마음이 담긴 형식'이라고 생각하면 될 것이다.

더 적극적으로 말하자면, 우리는 형식을 통해 자신의 마음을 담는 효과도 기대해볼 수 있다. 스포츠를 예로 들어 생각해보자.

테니스 시합에서 진 선수가 있다. 분한 마음이 들지만 일단 경기가 끝나면 상대방 선수와 악수를 해야 한다. 그래서 분한 감정을 꾹 누르고 상대방의 손을 잡는다. 손을 잡고 보니 신기하게도 분한 마음은 사그라들고 어느새 자신의 패배를 받아들일 수 있는 마음이 생긴다. 그뿐 아니라 상대방과 함께 알찬 시간을 보낼 수 있었다는 감사의 마음까지 솟아나기도 한다. 이것은 아마도 테니스 경기에만 있는 일이 아닐 것이다.

야구 경기에서 이긴 소년야구단은 시합이 끝나면 먼저 상대방 팀의 감독에게 인사를 하러 간다. 그런 다음 자기 팀 감독에게 인사하고, 응원하러 와준 사람들에게도 감사의 뜻을 전한다. 럭비 경기가 끝난 다음의 노사이드No side(시합 종료를 나타내는 말로 시합이 끝나면 편을 가르지 않고 모두 친구가 된다는 정신에서 유래되었다—옮긴이) 또는 복싱이 끝난 뒤 두 선수가 상대방을 끌어안으며 서로 칭찬하는 행동 등도 마찬가지다.

그런 행위를 함으로써 진 쪽은 분한 마음에 지나치게 휩싸이지 않게 되고, 이긴 쪽은 우쭐한 감정을 너무 드러내지 않도록 적절히 감정을 조절하게 된다.

나 혼자 마음속에 묻어둔다면 그것이 비록 나 자신의 마음일지라도 스스로 충분히 제어하지 못할 때가 있다. 그런 마음을 일단 '예'라는 형식을 사용하여 겉으로 드러내보면 마음이 차분히 가라앉는 것을 느낄 수 있다.

그리고 이런 경우 '예'에 일정한 강제력이 있다는 사실이 그 효력을 잘 드러내준다. 사람은 실제로 해보기도 전에 이런저런 핑계를 대면서 행동을 하지 않는 경우가 많은데, 그럴 때 제대로 행동하게 하는 힘이 바로 '예'에 있다.

또 하나 중요한 것은 일단 구체적인 '형태'로 만들어버리면 누구나 그것을 실행할 수 있게 된다는 점이다. 정확히 말하면 누구나 '예'를 배워서 습득할 수 있다.

단지 입으로만 "똑바로 해라"라는 말을 들어서는 도대체 무엇을 어떻게 해야 제대로 하는 것인지 감을 잡을 수 없을 때가 있다. 하지만 "이럴 때는 이런 자세로 이렇게 있어라" 하고 하나하나 구체적으로 지시를 받으면 실제로 눈에 보이는 형태로 나타낼 수 있을 뿐 아니라 내가 나타낸 형식을 체크할 수도 있고 또 틀린 곳이 있다면 고칠 수도 있다.

모리 신조라는 훌륭한 교육자의 예를 한번 들어보자. 그는 초등학교 1학년 학생들에게 먼저 허리를 꼿꼿이 펴는 일부터 가르쳤다. 신체적인 틀을 바로잡는 것을 우선 익히게 한 것이다. 그런 다음에는 신발을 가지런히 놓는 일을 철저하게 지키도록 지도했다.

신발 놓는 것까지 간섭했다니, 조금은 이상한 생각이 들 수도 있겠다. 그는 '신발을 가지런히 놓는 것'이 왜 그토록 교육에서 중요한 원칙이 된다고 생각했을까? 어찌 보면 참으로 사소하고 별것 아닌 일처럼 생각되기도 한다. 교육에는 그보다 더 중요한 것이 얼마든지 있지 않을까 하는 생각도 들고 말이다.

그런데 신발을 가지런히 놓게 되면 다른 것들도 자연히 정리

된다. 반대로 신발이 가지런히 놓여 있지 않으면 어떤 일도 제대로 할 수 없다. 세세한 일에 형식을 따지는 것이 좋다는 말이 아니다. 세상에는 정말로 하찮은 규칙이 많이 있지만, 결국 본질적인 부분, 중요한 부분을 철저히 갖추지 않고는 좋은 결과가 나오지 않는다.

언뜻 보기에 사소해 보이는 '신발을 가지런히 놓는 행동' 속에는 과연 어떠한 것들이 숨어 있을까? 먼저 신발을 가지런히 놓는 행위 자체는 '좋은 행동'이다. 신발을 깔끔하게 정리하고 나서 기분이 나빠지는 사람은 아무도 없을 것이다. 그리고 남에게 불편을 끼치거나 해를 입히는 일도 아니다.

그리고 그것은 간단한 일이면서도 사실 좀처럼 행동으로 잘 옮겨지지 않는 일이다. 동작 자체만을 본다면 누구나 할 수 있는 쉬운 일이다. 그 행동을 하는 데에 어려운 기술 따위는 전혀 필요하지 않다. 그런데도 그것을 습관으로 만들어 몸에 익힌 아이들은 의외로 많지 않다. 보기보다 쉬운 일이 아닌 것이다. 신발을 가지런히 놓는 행동에는 이렇게 두 가지 요소가 담겨 있다.

여기서 또 한 가지 중요한 포인트는 이 행동이 신발을 벗고 난 뒤의 동작이라는 점이다. 신발을 가지런히 놓을 때는 어김없이 신발을 벗은 자신의 행동을 되돌아보게 된다. 그뿐 아니라 신발을 가지런히 놓는 행위를 통해 '마음을 정리'하는 연습도 해볼 수 있다.

그렇게 그것은 '정리'라는 형식으로 이어진다.

이 행동은 우리의 일상과 매우 가까이에 있다는 점, 또 날마다 반복되는 행위라는 점도 중요하다. 신발을 벗는 행위는 우리가 날마다 되풀이하는 일이다. 예를 들어 집 앞을 청소한다거나 설날에 누군가를 찾아뵙는다거나 하는 일은 그리 자주 일어나는 일이 아니다. 그렇지만 신발을 벗는 행위는 학교에서나 집에서 또는 친구 집에 놀러갔을 때처럼 날마다 되풀이되는 일이다. 이렇게 특별한 상황에서 일어나는 일이 아니기 때문에 자연히 습관이 되어 몸에 배게 되는 것이다.

이렇듯 공자가 말하는 '예'를 중요한 국가적인 의례로만 생각할 필요는 없다. 우리 가까이에 있는 것부터 그 중요성을 인지하면서 조금씩 몸에 익혀나가면 우리는 실제로 그 효용을 얻을 수 있을 것이다.

—

그 속에 담긴 정신,
그것에 집중하라

—

'예'라는 것은 당연히 개인의 마음에만 한정된 문제는 아니다. '사람의 마음'이기도 하지만 동시에 '사회의 안정'으로도 이어진다. 한 사람 한 사람의 마음이 제대로 정리되면 사회 역시 질서를 갖추게 된다. 반대로 사회가 흐트러지면 사람들의 마음도 흐트러질 것이다. 서로 돌고 도는 관계라는 뜻이다.

학교생활을 예로 들어보면, 수업을 시작하기 전에 학생들은 먼저 일어서서 인사를 한다. 이것은 물론 학생 한 명 한 명이 마음을 가다듬는 데에 도움을 주기도 하지만, 단지 그것만으로 그치지는 않는다. 그렇게 행동함으로써 선생도 학생도 지금부터 주어진 시간을 소중히 쓰겠다는 하나의 의식이 생겨나게 되는 것이다. 이를 질서라고 한다.

《논어》의 밑바탕이 되는 생각은 인간관계의 기본이 예의에 있다는 것이다. 그 생각의 뿌리는 오늘날에도 변함이 없다. 인사하는 행위를 생각해보자. 인사 예절은 지금도 사람을 평가하는 중요한 기준 중 하나로 여겨진다. 인사가 '예'의 기본이기 때문이다.

"안녕하세요?" 하고 인사하는 말 자체에는 그렇게 깊은 의미가 담겨 있지는 않다. 하지만 중요한 것은 그 말의 내용보다도 그런 식으로 말을 걸면서 적절한 태도를 취함으로써 상대방 그리고 서로의 관계를 존중한다는 의미를 분명한 형식으로 표현한다는 데에 있다.

따라서 자연스럽게 인사를 통해 인간관계가 정돈되는 것이다. 뿐만 아니라 여러 인간관계가 묶여 이루어진 다발과 같은 사회도 역시 질서를 갖추게 된다.

'부레이코'라는 말이 있다. '서로 딱딱한 예절 따위에 신경 쓰지 않고 원하는 대로 편하게 행동하는 자리'라는 뜻을 가진 말인데, 사실 이것은 매우 위험한 생각이기도 하다.

실제로 지인 가운데 한 명이 '부레이코'라는 말을 그대로 받아들여 그만 상사의 머리를 툭 하고 친 적이 있다. 그날 이후로 그 사람과 상사의 관계는 틀어지고 말았다. '예'를 잃으면 어떻게 되는지, 또 어떤 인격의 소유자로 비춰지는지를 신중하게 생각하지 않으면 안 된다. '예'는 그만큼 무게를 지닌다.

공자는 사회질서를 유지하는 일을 매우 중요하게 생각했다.

제나라의 경공景公이 공자에게 정치에 대해 물었다. 공자는 이렇게 대답했다.
"평화로운 나라가 되려면 저마다 자신의 도리를 다하는 것이 중요합니다. 다시 말해 임금은 임금답게, 신하는 신하답게, 아비는 아비답게, 자식은 자식답게 산다는 말입니다."
−제12편 안연顔淵

공자가 이렇게 말한 이유는 그 당시 춘추시대였던 중국의 사회가 매우 어지러웠기 때문인 것 같다. 당시의 역사적 사실이 기록된 《춘추》라는 책에는 군주를 죽이려는 가신의 이야기며 존중해야 할 주나라를 업신여기는 각 지역 제후들의 이야기들이 많이 실려 있다. 국가도 정부도 안정된 모습을 갖추고 있지 않았기에 제대로 된 정치를 펼치기가 어려웠던 상황을 보여주고 있는 것이다.

하지만 혹자는 그거야 오래전 중국의 이야기일 뿐, 지금 현대 사회에서 질서를 그토록 중시할 필요가 있을까 하고 생각할 수도 있다. 정말 그럴까?

스탈린이나 독일의 나치가 역사상 최대의 학살을 저지른 때는 20세기였다. 아프리카 등지에는 지금도 정부가 거의 아무런 역할을 못하는 무질서 상태의 나라들이 있다. 그러니 공자가 살던 시대와 비교해서 현대가 더 질서가 갖추어진 시대라고 쉽게 말할 수는 없을 것 같다.

따라서 질서를 중시하지 않아도 된다고 여기기보다는, 인간사회라는 것은 항상 주의하고 노력하지 않으면 눈 깜짝할 사이에 무질서 상태에 빠져버릴 위험이 있다고 여기는 편이 더 실정에 맞을 것이다.

그럼에도 불구하고 현대사회의 교육 현장에서는 '예'의 중요성을 인식하는 일이 점점 사라져가고 있다. 학교교육 현장에서 선생과 학생 사이의 관계가 무너져버린 현상이 문제가 되고 있는데, 이 현상이 '예'를 통해 질서를 유지한다는 생각을 우습게 보았기 때문에 벌어졌다고 해도 완전히 틀린 말은 아닐 것이다.

아무리 법치국가라고 해도 법으로만 모든 질서를 유지할 수는 없다. 마찬가지로 교실의 질서가 붕괴되었다고 해서 그것을 법으로 해결하려는 사람은 아마 없을 것이다. '예'는 예전이나 지금이나 사회 속 법의 영향력이 미치지 않는 영역에서 커다란 역할을 짊어지고 있다.

그런데 '예'의 기능이 제대로 발휘되도록 하기 위해서는 그것이 유명무실해지지 않게 하면서도 제대로 형식을 갖출 수 있게 균형을 잡는 것이 중요하다. 현대인들은 예절 같은 것은 단지 형식에 지나지 않는다며 그 형식적인 부분은 하나하나 떼버리고 알맹이만 남겨놓으려는 경향이 많지만, 세상 일이 그리 단순하지는 않다.

의식이나 의례에서 "이런 건 필요 없잖아" 또는 "이것도 그냥 형식일 뿐이야"라고 하며 점점 더 형식을 간편하게 만들어버리면 결국 나중에는 그 형태조차 남아 있지 않을지도 모른다.

예를 들어 중요한 의식을 치를 때 국가國歌를 부르지 않는다거나, 행사를 진행할 때 시장의 인사말이나 내빈 축사 같은 예식을 점점 간소하게 줄이다 보면 나중에는 예식 그 자체가 사라져버릴 수도 있다.

《논어》에도 이런 말이 있다. 공자가 활약하던 당시에는 오래전부터 '고삭告朔의 예'라는 것이 있었지만 더 이상 지켜지지 않게 되었다. 그래도 여전히 그 '예'의 자취는 남아 있어서 살아 있는 양을 제물로 바치는 일은 사라지지 않고 이어지고 있었다.

흔히 합리주의자라고 불리는 현명한 자공은 이런 행위를 무익하다고 생각해 그만두게 하려고 했다. 하지만 그런 자공에게 공자는 이렇게 말했다.

"자공아, 너는 양이 아깝다고 여길지 모르겠지만, 나는 '예'가 사라져가는 것이 아쉽구나."
–제3편 팔일八佾

'예'는 형식이며 그 형식이 완전히 사라지면 더 이상 그것을 되찾을 수 없게 된다. 정신만 남아 있으면 괜찮다고 말하며 정신과 형식을 따로따로 구분지어 생각한다면 결국은 '예' 그 자체를 잃어버릴 위험이 있다.

물론 이 말은 어떤 형식이든 예전부터 전해 내려오는 것이라면 무조건 지키겠다는 뜻, 즉 어쨌든 옛것이라면 소중히 여겨야 한다는 뜻이 아니다. 바꾸어도 좋은 것이 있는 반면 바꾸어서는 안

되는 것도 있다는 뜻이다.

그렇다면 이제는 무엇을 바꾸고 또 바꾸지 말아야 할지를 판단하는 문제가 남는다. 그리고 그것을 바르고 정확하게 판단하기 위해서는 역시 학문이 필요하다. 《논어》에서 참고가 될 만한 예를 한번 들어보자.

공자가 말했다.

"예복으로 쓰는 관은 삼베로 만든 것이 정식이다. 그런데 삼베 실을 짜는 데에는 손이 많이 가기에 요즘은 명주 실로 만든다. 이는 검약을 위한 것이며 해害가 없기에 나도 그에 따를 것이다. 하지만 주군의 부름을 받으면 당堂 아래에서 절을 하는 것이 올바른 '예'인데도 요즘은 당 위에서 절을 한다. 이것은 거만한 행동이다. 이는 예의에 해가 되기 때문에 다른 사람들과 다르다고 해도 나는 당 아래에서 절을 올릴 것이다."

-제9편 자한

공자가 말했다.

"주 왕조가 시작될 무렵에 의례나 음악은 소박했지만, 후세의 의례는 화려하고 세련되어 훌륭하다고 생각하는 사람들이 있

다. 내가 스스로 '예'와 음악을 거행한다면 옛날 방식에 따라
서 소박하고 지나치게 꾸밈이 없는 방식으로 하고 싶다."
－제11편 선진

《논어》의 다른 장면을 보더라도 공자는 비교적 검소한 방식에
더 호의적이고 지나치게 넘치는 것을 경계하는 자세를 지닌다. 보
통 형식이라는 것은 점점 더 화려하고 아름다워지고 또 사치스러
워지는 경향이 있다. 그렇게 되면 결국 마음이 형식에 이용당하는
꼴이 되고 만다. 공자는 바로 그것을 두려워했다.

지금까지 '예'에서는 형식을 지키는 것이 중요하다고 강조했
지만, 그렇다고 해도 가장 중요한 것은 역시 그 알맹이다. 형식에
빠져 내용을 잊어버린다면 본말이 전도된 것과 다르지 않다.

"'예'라고 부르고 '예'라고 부른다. 옥이나 비단이라고 부르지
않는다."
－제17편 양화

공자가 이렇게 말했다. 흔히 사람들은 "'예'가 중요하다"라고
말한다. 그런데 여기서 말하는 '예'라는 것이 의식을 치를 때 사용

하는 옥이며 비단을 가리키는 것일까? 아마 그렇지 않을 것이다. 공자는 '예'에서 중요한 것은 그 정신이라고 힘주어 말한다.

그리고 그런 정신을 갖춘 뒤에야 비로소 '예'는 모든 덕목의 기초가 될 수 있는 것이다.

공자가 말했다.

"사람을 공손하게 대하는 것은 좋으나 '예'를 따르지 않는다면 소용이 없다. 신중한 것은 좋지만 '예'를 따르지 않으면 두려움 때문에 생각하는 바를 이룰 수 없다. 용감함 역시 '예'를 따르지 않으면 난폭해진다. 남에게 직접 올바른 말을 할 때도 '예'를 따르지 않으면 너무 야박해진다."

-제8편 태백

© 조규홍

임금은 임금답게, 신하는 신하답게,
아비는 아비답게, 자식은 자식답게.

사람을 사랑하는 것,
그것이 진정한 '인'이다

《논어》에서 가장 중요한 덕목을 말하라면 그것은 바로 '인'이다. 기독교에서 말하는 '사랑'에 해당하는 말이라고 해도 좋을 것이다. 이것은 인간으로서 목표로 삼아야 할 가장 중요한 덕목이다.

하지만 '인'이 구체적으로 어떤 덕인가 하는 질문에 제대로 답하기란 쉽지 않다. 《논어》에서 언급된 예를 보아도 '용'이나 '효'처럼 그 이미지를 확실하게 떠올릴 수 있는 덕이 아니기 때문이다.

굳이 말하자면 이렇게 표현할 수 있을 것 같다.

> 번지樊遲가 "'인'이란 무엇입니까?" 하고 묻자, 공자가 대답했
> 다. "사람을 사랑하는 것이다."
> —제12편 안연顔淵

하지만 막연한 느낌이 드는 것은 여전하다. 또한 '인'은 평가
하기도 무척 어렵다.

예를 들어 '지'와 비교해보면 바로 알 수 있다. '지'는 '인'보다
훨씬 평가하기 쉬운 덕목이니까 말이다. 오해를 불러일으킬 수도
있겠지만, '지'는 돈이 되어도, '인'은 돈이 되지 않는다.

그렇게 생각하면 설령 '인'이 중요하다고는 해도 명확히 알기
어려우니 그보다는 평가하기도 쉽고 돈이 될 수도 있는 '지'를 추
구하는 편이 더 낫겠다고 여길 수도 있다. 그렇지만 그런 식으로
'지'만을 추구하다 보면 결국은 중심을 잃어버릴 위험이 있다. 중
심은 어디까지나 '인'에 있다.

의사를 예로 들어 생각해보자. 현대사회에서 의사는 직업이
다. 지식과 기술을 익혀 그것을 사용해 환자를 치료하고 돈을 받는
다. 이것이야말로 '지'로써 평가를 받고 돈을 받는다. 물론 그것이

나쁘다는 얘기는 아니다.

그런데 의사는 단지 기술자이고 직업 중의 하나라고 딱 잘라 말한다면 어쩐지 위화감이 느껴지지 않는가? 의사의 역할은 단지 그것만이 아니다. 사람들이 의료에 기대하는 것 또한 단순한 지식의 산물이 아니다.

그렇기 때문에 지금도 변함없이 '의술은 인술仁術'이다. 인간의 생명이나 건강이라는 무엇보다 중요한 일에 관여하는 의료야말로 가장 중요한 중심 덕목인 '인'이 바탕이 되지 않으면 안 된다.

"만약 '인'이라는 마음의 덕이 없다면 '예'가 있다 한들 음악이 있다 한들 무슨 소용이 있겠는가?"
—제3편 팔일

"물이나 불은 생활에 필요하지만, 사람에게 '인'은 물이나 불보다 더 필요한 것이다. 또한 물이나 불 속에 뛰어들어 죽은 사람은 있지만, '인'에 뛰어들었다고 해서 죽은 사람을 본 적은 없다."
—제15편 위령공

그만큼 중요한 덕이지만, '인'을 몸에 익히기는 여간 힘든 일이 아니다. 《논어》에는 인물에 대한 평이 자주 나오는데 그중에서도 '인을 갖추었는지'가 자주 이야깃거리가 된다. 하지만 그중에서 '인'을 갖추었다고 인정을 받은 경우는 거의 볼 수 없다.

맹무백孟武伯이 공자에게 "자로는 '인'을 갖춘 인격자입니까?" 하고 묻자, 공자는 "잘 모르겠습니다" 하고 답했다.
맹무백이 거듭 묻자 공자는 이렇게 답했다.
"자로가 대국에서 군사를 훈련시킨다면 훌륭하게 해낼 테지만 '인'을 갖추었는지는 모르겠습니다."
다시 맹무백이 "그러면 염유는 어떻습니까?" 하고 묻자, 공자는 "염유는 천 호戶를 다스리는 경대부 등의 대갓집에서 가신들의 장長이 될 능력은 있지만 '인'을 갖추었는지는 잘 모르겠습니다" 하고 대답했다.
"그럼 공서적은 어떻습니까?" 하고 묻자, "공서적은 '예'를 알기에 예복을 입고 조정에 나가 외국의 빈객을 맞이할 능력은 있지만 '인'을 갖추었는지 어떤지는 모르겠습니다" 하고 대답했다.
-제5편 공야장

"초나라의 재상 자문子文은 세 번을 재상에 올랐지만 기쁜 표정을 짓지 않았으며 세 번 재상을 그만두어야 했지만 노여운 기색을 보이지 않고 후임으로 오는 재상에게 반드시 업무를 빈틈없이 인계했다고 하는데, 이런 인물은 어떻습니까?"

그러자 공자가 답했다.

"'충忠'이다. 자신보다 나라를 생각하는 사람이다."

자장子長이 "그렇다면 '인'이라고 말할 수 있을까요?"라고 묻자, 공자는 이렇게 답했다.

"'인'이라고 할 수 있는 것은 사사로운 마음이 없는 지혜로운 사람을 말할 때다. 자문을 '인'이라고 가볍게 말할 수는 없다."

자장이 또다시 물었다.

"제나라의 최자崔子가 임금을 죽였을 때, 동료였던 진문자陳文子는 말을 마흔 필이나 가지고 있던 부유한 집안이었지만 불충한 신하가 있는 나라는 싫다며 재산을 버리고 제나라를 떠났습니다. 이웃나라에 갔지만 거기에도 불충한 자가 있는 것을 보고 '여기에도 최자 같은 사람이 있구나' 하고 또다시 다른 나라로 가버렸습니다. 그럼 이 사람은 어떻습니까?"

"맑은 사람이구나" 하고 공자가 말했다.

"그럼 그것은 '인'입니까?" 하고 자장이 묻자, 공자는 이렇게 말했다. "그에게 사사로운 마음이 완전히 없었는지 어떤지 알 수 없으니 '인'이라고 쉽게 말할 수는 없다."
ㅡ제5편 공야장

원헌原憲이 "남을 이기려 들거나 자만하거나 원망하거나 물욕을 부리는 마음을 누를 수 있다면 '인'이라고 말할 수 있습니까?" 하고 묻자, 공자는 이렇게 말했다.
"분명 그 네 가지 마음을 억제한다는 것은 어려운 일이다. 하지만 그렇다고 '인'이라고 말할 수 있는지 나는 모르겠다."
ㅡ제14편 헌문憲問

공자는 이렇게 '인'에 대해 무척 엄격하게 생각했다.

스스로를 갈고닦을 때
비로소 '인'을 얻게 된다

'인'을 단지 높고도 먼 곳에 있는 것, 보통사람들은 도저히 다다르기 힘든 경지라고 여기는 것도 잘못된 생각이다. 공자는 다음과 같이 말했다.

"'인'은 정말 그토록 멀리 있을까? 우리가 '인'을 진심으로 바라다면 '인'은 바로 여기에 있다."

'인'은 자신이 원하여 몸에 익히는 덕이다. 바꾸어 말하면 애초에 태어날 때부터 지닌 소질만으로는 충분하지 않다. 이는 공자가 덕이라고 여기는 모든 것들에 대해 공통적으로 할 수 있는 말이며, '인' 또한 마찬가지다.

> 자장이 선인善人(착한 성품을 지녔지만 배우지는 않는 사람)이 실천해야 할 도리가 무엇이냐고 물었다. 공자가 이렇게 답했다.
> "옛 성현들의 도리를 배우지 않으면 그들의 깊은 뜻에 다다르지 못한다."
> -제11편 선진

또 안회에게도 이렇게 말했습니다. "'인'을 행하는 것은 자신에게 달려 있다. 남에게 의지해서 되는 것이 아니다(제12편 안연)."

그러면 어떻게 하면 '인'을 배우고 익힐 수 있을까?

자공이 '인'을 익히려면 어떻게 해야 하는지 물었을 때, 공자는 이렇게 답했다.

"기술자가 일을 잘 하려면 먼저 반드시 도구를 갈고닦아야 한다. 그와 마찬가지로 나라의 정무를 담당하는 대부들 가운데 뛰어난 인물을 섬기고 또 그 나라의 선비들 가운데 '인'의 덕을 갖춘 자를 벗으로 삼아 스스로를 갈고닦아야 할 것이다."
-제15편 위령공

이런 대화를 주고받는 장면도 있다.

중궁仲弓이 '인'에 대해 묻자, 공자가 이렇게 답했다.
"일단 집 밖으로 나가서 사람을 대할 때는 소중한 손님을 접대한다는 마음으로 맞이하고, 백성을 부릴 때는 중요한 제사를 지낼 때처럼 신중함을 잊어서는 안 된다. 자신이 바라지 않는 일은 남에게도 하지 않도록 한다. 그렇게 신중하게 행동하면 나라의 군주에게든 중신에게든 원망을 살 일은 없을 것이다."
중궁이 말했다. "저는 비록 그에 미치지 못하겠지만, 그 말씀을 실천해가겠습니다."
-제12편 안연

‘인’은 일상생활에서 벗어난 특별한 경지에 있는 것이 아니며 그것을 익히기 위해서 비일상적인 수행이나 노력이 필요한 것도 아니다. 그렇기 때문에 보통사람들도 충분히 그때그때 상황에 맞게 ‘인’을 행할 수 있다.

다만 ‘인’을 목적으로 착각해서는 안 된다. ‘인’에 도달하기 어려운 이유는 ‘인’이 초인적인 덕목이기 때문이 아니라 그것을 인격의 한 부분으로 만들고 신체화하여 몸에 익히기가 어렵기 때문이다. 공자가 안회를 칭찬했던 말 중에 그러한 의미를 잘 보여주는 말이 있다.

“안회는 석 달이나 ‘인’의 덕에서 떨어지지 않는구나. 다른 제자들은 하루 혹은 한 달쯤 ‘인’의 덕에 닿을 뿐, 계속 이어가지 못하는데.”
–제6편 옹야

그런데 아무리 ‘인’이라는 덕이 중요하다고 해도 오로지 그것만을 추구한다면 균형이 무너져버릴 수도 있다. 예를 들어 오로지 ‘인’만을 목표로 하다 보면 인간으로서 가장 중요한 부분을 갖추게 될지는 모르지만, 현실사회에 원만히 적응하기 어려운 사람이 되어버릴 수도 있다. 이것에 대해 제자 재아宰我가 공자에게 질문하는 장면이 있다.

재아가 공자에게 이렇게 물었다.

"'인'을 갖춘 인간은 남을 배려하는 마음이 지나쳐서 남에게 속임을 당하는 일이 있지 않을까 걱정이 됩니다. 예를 들어 그런 사람은 누군가가 우물 안에 사람이 빠졌다고 거짓말한 것을 듣고 몸소 우물 안으로 들어가서 구하려고 하지 않을까요?"

"그렇지는 않다. '인'의 마음을 지닌 군자를 우물 앞까지 가게 할 수 있을지는 몰라도 우물 안으로 빠지게 할 수는 없다. 잠깐 속임수를 쓸 수 있을지는 모르지만 계속 속일 수는 없다"
–제6편 옹야

그뿐 아니라 공자는 진정한 '지'는 '인'을 바탕으로 하고 있다고 말하기도 한다.

"'인' 속에 있는 것처럼 판단을 '인'에 두는 것이 좋은 삶의 방식이다. 이것저것 고르고 인에서 벗어나버린다면 지혜로운 사람이라고 할 수 없다."

-제4편 이인

이것은 단지 '지'에만 해당되는 말은 아니다. '인'이 있으면 거기에는 반드시 '용'도 있다.

"덕을 갖춘 인격자는 반드시 선한 말을 한다. 하지만 선한 말을 하는 사람이 반드시 덕을 갖추었다고 말할 수는 없다. '인'을 갖춘 사람에게는 반드시 용기가 있지만, 용감한 사람에게 반드시 '인'이 있다고는 할 수 없다."

-제14편 헌문

최고의 덕목이자 모든 덕목의 기준과 기둥이 되는 것, 그것이 바로 '인'이다. 그렇기 때문에야말로 간단히 정의를 내리고 이해했다고 말하는 것은 위험한 일이다. '인'이 어려운 이유 가운데 하나는 그런 면도 있다고 생각한다.

중요한 덕목이기는 하지만 너무 커다란 덕인 것 같아서 그만 기가 죽어 '인'을 추구하겠다는 마음조차 생기지 않을지도 모르겠다. 하지만 그것은 잘못된 태도다. '인'은 완성이 되어서야 비로소 의미를 지니는 덕이 아니기 때문이다. 그것을 위해 자신을 갈고닦는 것 자체만으로도 이미 충분히 의미가 있다.

"진심으로 '인'의 덕을 익히고자 결심한 자는 결코 악을 행하지 않는다."
-제4편 이인

우리가 '인'에 도달하기란 무척 어려울지도 모른다. 그렇지만 도달하고자 하는 마음을 먹는 일은 누구나 할 수 있다. 그리고 그것이야말로 《논어》에서 말하는 인간이 가져야 할 최상의 삶의 방식일 것이다.

© 조규형

진심으로 '인'의 덕을 익히고자 결심한 자는
결코 악을 행하지 않는다.

시를 통해 선한 마음이 샘솟으며
음악을 통해 완성된다

공자는 음악에 대한 지식이나 기량이 상당히 뛰어나서 스스로도
조금 우쭐하며 이렇게 말하기도 했다. "내가 위나라에서 노나라
로 돌아와 올바로 전해지고 있지 않은 옛 음악을 고쳤더니 음악이
바로잡히고 〈아〉와 〈송〉이 본래의 모습을 되찾았다(제9편 자한)."

또 언젠가는 노나라 음악의 장에게 자신의 음악론을 펼친 적
도 있다. "음악은 그리 어려운 것이 아닙니다. 연주가 시작될 때

타악기로 기운을 북돋운 다음 각각의 악기들이 저마다의 음을 내면서 조화를 이룹니다. 그리고 각각의 음이 탁하지 않고 또렷한 음으로 끊어짐 없이 계속 이어집니다. 그렇게 해서 마무리되는 것입니다(제3편 팔일)."

학당에서도 음악은 매우 중요한 교재였던 모양으로, 자로처럼 용맹하고 과감한 제자도 거문고를 연주했다.

물론 당시의 음악은 단순한 오락이 아니었다. '예'와 '악'이 짝을 이루어 '예악禮樂'이라고 표현되는 것처럼, 음악은 사회질서를 유지하는 데 공헌하며 또 나아가서 인간의 마음을 치유하는 힘을 지닌 것으로 여겨졌다. 다시 말해 "의례나 음악이 쇠퇴하면 형벌도 적절함을 잃어버려 백성들이 안심하고 살 수 없게 된다(제13편 자로)"는 것이다.

공자가 제자인 자유子游가 장관으로 있던 노나라의 작은 마을 무성에 갔을 때의 일이다. 그곳에서 들려오는 음악소리를 듣고 공자는 "닭을 잡는 데에 어찌하여 소 잡는 칼을 쓰느냐?" 하고 말했다. 농담 섞인 듯한 공자의 말에 자유는 이렇게 답했다. "예전에 스승님께서 이렇게 말씀하셨습니다. 위정자인 군자가 예악을 통해 도리를 배우면 사람을 사랑하게 되고, 백성들이 예악을 통해 도리를 배우면 유순해져서 다스리기 쉬워진다고 말입니다." 그 말을 들은 공자는 자유가 옳다고 하며 자신이 한 말을 취소했다(제17편 양화). 이처럼 예악은 사람을 다스리는 수단이라는 생각이 공자 학당에서 통하는 상식이었다.

그렇다면 어째서 음악을 통해 이런 일이 가능하다는 말일까? 그것은 음악이 직접 사람의 마음을 울리기도 하며 조화나 질서를 추구하기 때문이다. 이런 생각은 고대 피타고라스 교단의 사고방식과 일맥상통하기도 한다.

피타고라스 교단은 '세계는 수數로 만들어져 있다'는 강한 믿음을 가진 일종의 신비주의적 학파로 음악을 매우 중시했다. 이 피타고라스 교단은 음악을 수학적으로 해명할 수 있다고 생각했다. 화음이나 배음과 같은 현상은 전부 수학적이라고 말했다.

그러한 면이 가장 뚜렷이 드러나는 것이 바로 현악기다. 어느 현을 어느 정도의 길이에서 누르면 특정한 소리가 난다. 길이를 반으로 하면 또 다른 소리로 변한다. 그렇게 관찰하다 보면 현의 길이와 소리 나는 음 사이에는 분명히 수학적인 비례관계를 발견할 수 있다. 혹은 공진과 같은 현상도 알아낼 수 있다. 이렇게 음악은 매우 아름답게 정리되어 질서가 잡힌 조화로운 세계라고 생각했다.

공자가 피타고라스 교단처럼 수학을 중시했다는 흔적은 찾아볼 수 없지만, 그래도 음악에서 질서와 조화를 이룬 이상적인 세계를 보았음은 틀림없는 것 같다.

또한 음악을 통해서 마음을 정돈할 수 있다는 말은 뒤집어 생각해보면 어떤 음악을 어떻게 연주하느냐에 따라서 그 사람의 수준을 알 수 있다는 얘기이기도 하다.

공자가 위나라에 머물렀을 때의 일이다. 공자가 경磬이라는 타악기를 두드리고 있는데 때마침 짐을 짊어지고 공자의 집 앞을 지나가는 은자처럼 보이는 사람이 그 음색을 듣더니 이렇게 말했다. "천하에 도를 행하는 마음이 있구나, 이 경 소리에는." 그리고 그렇게 잠시 동안 경을 두드리는 소리를 듣더니 이렇게 말했다. "세상을 완전히 버리지 못하니 비루하구나, 이 쨍쨍거리는 소리는(제14편 헌문)."

또 언젠가는 공자가 자로의 거문고 소리를 듣고 난잡하다고 평을 하는 바람에 다른 제자들이 자로를 우습게본 적도 있었다(제11편 선진). 하지만 나쁘게 평을 한 다음에 공자는 "자로의 음악은 이미 충분히 높은 수준에 있다. 그것을 기준으로 해서 부족함을 말했을 뿐이다"라고 말하며 자로를 북돋아주었다.

어쨌든 음악은 인격을 수양할 뿐 아니라 사회의 질서에까지

널리 영향을 미치는 대단히 중요한 교양이다. 공자가 교양을 통해
인간이 완성되는 과정을 표현한 것 중에 이런 말이 있다.

> "인간은 '시'를 통해 선한 마음이 샘솟으며 '예'를 통해 안정을
> 찾고 '음악'을 통해 완성된다."
> −제8편 태백

깊이 읽고 다시 읽고 새겨 읽을 때
진정한 논어를 만날 수 있다

공자는 '인', '의', '예'처럼 중요한 덕목에 대해 매우 정확한 말로 적절한 상황에서 여러 말을 들려주기도 했지만, 그 밖에 세상사를 바라보는 눈 또한 상당히 날카로웠다.

젊은 시절 이런저런 고생을 겪고 다양한 경험을 쌓은 공자는 스스로 그것이 그리 좋았다고는 생각하지 않았던 것 같다. 하지만 그런 경험을 통해 공자가 인간을 꿰뚫어보는 능력을 지닌 사람으로 성장했고, 또 중요한 일을 논할 때에도 더 한층 깊이와 힘이 더해진 것은 분명하다.

《논어》를 해설하는 책들을 보면 아무래도 《논어》 전체에서 중요하다고 여겨지는 부분을 중심으로 선별해서 설명해놓은 경우가 많다. 그런데 사실 그다지 유명하지 않고 평범한 장면 중에도 공자의 번뜩이는 혜안을 느낄 수 있는 말들이 숨어 있다. 여기서는 그런 말들 중에서 몇 가지를 소개해볼까 한다.

공자가 말했다.
"가난하여 생활이 어려울 때 다른 사람이나 운명을 원망하지 않기란 어려운 일이다. 그러나 부자이면서 잘난 체하지 않기란 비교적 쉬운 일이다."
–제14편 헌문

별 생각 없이 그대로 읽어내려갈 수 있을 것 같은 말이지만, 왠지 이 번드르르하지 않은 느낌의 표현이 참 재미있다. 이 말을 설교하듯이 또는 격언 식으로 말해본다면 "덕이 있다는 말은, 가난할 때도 남이나 운명을 원망하지 않고 부유할 때도 잘난 체하거나 뽐내지 않는 것이다"라고 할 수 있겠다.

그것을 '가난할 때 원망하지 않기는 어렵다' 또 '부자이면서 잘난 체하지 않기는 비교적 쉽다'라는 식으로 표현한 것이다. 무척 현실적이라고 할까? 한편으로는 너무 노골적인 느낌이 들기도 하지만, 이 말을 들었을 때 나는 '아, 과연 그렇구나' 하고 무릎을 탁 쳤다.

어쩌면 자신의 경험에서 비롯된 표현이겠지만, 이 구절에서는 공자의 현실적인 관찰력이 숨김없이 있는 그대로 드러나 있다. 뿐만 아니라 이는 2,500년이 지난 어느 이국땅에서도 "대단하다. 과연 그렇구나" 하고 사람들이 쉽게 공감할 수 있는 내용이다.

또 하나 다른 예를 소개해보겠다.

공자가 말했다.

"남이 나를 속일까 혹은 남이 나를 의심하지 않을까 하고 처음부터 미리 짐작하지는 않더라도, '이건 이상한데' 하고 적절하고 재빨리 그것을 알아차릴 수 있는 사람을 현명하다고 할 수 있다."

-제14편 헌문

'현명하다'라는 말은 무슨 뜻일까? 여기에는 사람마다 제각각 다른 의견이 있을 것이며, 실제로 다양한 정의를 내릴 수도 있다.

공자가 《논어》에서 내린 정의로 말한다면 '좀스럽게 앞질러 미리 짐작하여 신경을 쓰지 않지만 무언가 이변이 일어났으면 그것을 재빨리 알아차리는 사람'을 현명한 사람이라고 할 수 있다. 참으로 선명한 표현이다. 구체적이며 설득력도 있다.

공자의 말을 읽으니 과연 그렇다는 생각이 든다. "아아, 그러고 보니 이런저런 걱정이 너무 많아 정작 중요한 일이 무엇인지 알아차리는 게 늦는 사람이 있지." 혹은 "회사에 있는 그 사람 말이야, 느긋해 보여도 포인트 하나하나를 제대로 잡고 있는 걸 보고 확실히 대단하다고 느낀 적이 있어. 그런 사람을 현명하다고 하는 거겠지." 이렇게 자신의 경험에 비추어보면 공자가 말하는 현명함이 어떤 것인지 뚜렷이 머릿속에 떠오를 것이다.

또는 "아아, 내가 이런 의미의 '현명함'을 이상적인 것으로 생각했구나" 하고 자기 자신이 평소에 어떤 모습을 목표로 삼아왔는지 구체적으로 이해할 수 있게 해주는 말이라는 생각이 든다.

공자는 분명 이런 말들을 특별한 자리에서 격식을 차려 말하지 않았다. 단지 그 자리에서 문득 머릿속에 떠오른 생각을 들려주었을 뿐이다. 그런데 너무나 선명한 그 말을 듣고 정신이 번쩍 든 제자들은 그것을 하나하나 기록으로 남겼다. 그리고 무심코

《논어》의 책장을 한 장 한 장 넘기다가 그 말들과 마주친 우리는 "아!" 하고 감탄하게 된다.

사실 지금 소개한 두 말은 이 책을 집필하면서 이것저것 공자의 말을 확인하기 위해서 《논어》를 들춰보다가 우연히 눈에 띈 구절들이다.

《논어》를 몇 번이나 거듭해서 읽었고, 또 한 번은 전문을 해석해서 읽었는데도 그때는 무심코 읽고 넘어간 말들 중에서 또다시 이렇게 의미 깊은 문장이 숨어 있구나, 하고 깨닫는다.

이 정도면 꽤 깊이 있게 읽었구나, 하고 생각해도 여전히 파고들어갈 부분이 남아 있다. 이것이야말로 '고전'이라는 말에 딱 들어맞는 책이라는 사실을 다시 한 번 새삼 느끼게 된다.

제자들을 통해
읽는《논어》

고등학교 시절 나는 나카지마 아쓰시의 《제자》라는 작품을 읽고 굉장히 감동을 받았다. 이 소설은 공자의 제자 자로를 주인공으로 한 소설로 나카지마 아쓰시의 걸작 가운데 하나다. 왜 이 소설에 그토록 감동을 받았을까? 바로 자로라는 인간에게 공감하고 의지할 수 있었기 때문이었던 것 같다.

《제자》에서 자로는 사이비 현자라고 알려진 공자라는 인간이 있다는 말을 듣고 그가 얼마나 현명한지 보고 창피를 줘야겠다는 마음으로 불량배 같은 차림을 하고 공자를 만나러 갔다. 그런데 실제로 만나보니 공자가 너무나 대단한 사람이라는 것을 알게 된 자로는 완전히 그에게 푹 빠져버렸다. 그 후로는 공자와 함께 있으면서 그의 가르침을 듣고 칭찬받고 싶은 마음에 쭉 학문의 길을 걷기로 마음먹는다.

소설을 읽으면 자로 같은 사람이 공자처럼 커다란 인간을 눈앞에 두고 어떤 심정이 들었을지 생생하게 느낄 수 있다. 여담이지만 이처럼 위대한 인물을 스승으로 둔 제자의 마음을 잘 묘사한 또다른 명작으로는 다자이 오사무가 쓴 〈유다의 고백〉이라는 단편소설이 있다. 다만 이 작품에서 예수에 대해 애증이 뒤섞인 듯한 감정을 지닌 것으로 묘사된 유다에 관한 부분을 읽고 있으면, 역시 다자이 오사무의 글이라서 그런지, 예수와 유다 사이가 참 특별한 관계였구나 하는 생각이 들기도 한다. 하지만 공자는 그렇게까지 제자에게 심리적으로 양면의 감정을 불러일으키게까지 행동하는 사람은 아니었을 거라는 생각이 든다. 그런 면을 비교하면서 읽어보면 또 다른 재미를 느낄 것이다.

앞에서도 말했듯이, 《논어》에 나오는 공자의 말은 대부분 제자들에게 들려주는 말이다. 그리고 그것은 제자 한 사람 한 사람의 개성과 상황에 맞춘 말이기도 하다. 그렇기 때문에 공자의 말들을 생생히 느끼고 맛보기 위해서는 독자가 직접 공자의 제자가 되었다고 생각하고 제자들의 눈으로 보고 귀로 들어보려는 마음으로 읽어야 한다. 그렇게 하면 훨씬 효과적일 것이다.

다만 그러기 위해서는 먼저 제자들이 어떤 개성을 지닌 인물인지 어느 정도 대략 파악하고 있어야 한다. 《논어》는 덕목별 또는 시대별로 편찬되어 있는 책도 아니고, 또 등장하는 제자에 따라 엮어놓은 책도 아니기 때문에 한 번 읽고서 제자들 한 사람 한 사람의 성격을 제대로 파악하기는 어렵다.

이번에 《논어》를 다시 풀이하면서 읽어보니 공자라는 인물이 내 안에서 어떤 구체적인 인간으로 떠오르는 느낌을 받았는데, 사실 그렇게 마음속에서 살아난 성격이 단지 공자 한 사람만은 아니었다. 공자와 더불어 개성이 풍부한 여러 제자들도 무척 생생히 다가왔던 것이다. 그렇게 그들의 모습에 감탄하기도 하고 실망하기도 하면서 내가 직접 공자의 제자가 되었다는 마음으로 《논어》를 읽었다.

그래서 여기서는 《논어》 속에서 내가 만난 여러 매력적인 캐릭터들에 대해 나름대로 느낀 점을 소개하려고 한다.

《사기》에는 공자의 직계 제자들이 일흔 명이라고 나와 있다. 다만 《논어》에 제자들이 등장하는 횟수는 제자에 따라 꽤 큰 차이가 있다. 그래서 그중에서 일반사람들에게도 이름이 많이 알려져 있고 개성도 뚜렷한 세 명의 제자들을 먼저 소개하려고 한다.

바로 안회(안연顔淵이라고도 불린다)와 자로(이름은 중유仲由로, 계로季路라고도 불린다), 그리고 자공(이름은 사賜이다)이다. 이 세 사람은 제자들 가운데에서도 수제자라고 불릴 만하다.

이들은 각각 다른 형태이기는 하지만, 공자가 생각하는 덕의 각 한 면을 대표하는 인격을 지닌 사람들이기도 하다. 자로는 '용'을 대표하는 인물이고, 자공은 '지', 안회는 '인'을 각각 나타내는 사람들이다. 《논어》를 읽으며 공자의 덕목을 생각할 때 이 세 사람의 얼굴을 떠올리며 읽으면 더 효과적인 독서가 될 수 있을 것이다.

사랑하지 않을 수 없는 자로

《논어》를 처음 통독할 때는 아마도 자로라는 제자가 가장 인상에 남는 인물이 아닐까 생각한다. 자로의 성격은 밝고 용감하며 사랑스럽다. 순순히 자신을 표현하고 정직한 그의 모습을 보고 있으면 무척 기분이 좋아진다. 때로는 경솔한 말을 하는 바람에 공자에게 꾸지람을 듣기도 하지만, 그런 모습도 우리와 같은 평범한 사람들의 공감을 불러일으킨다.

자로의 성질을 《논어》에서 말하는 덕목으로 표현하자면 두말할 나위도 없이 '용'이다. 공자는 자로의 성질을 평가하면서 '과果'라고 말했다. '과'라는 것은 과단성이 있다는 뜻으로, 다시 말해 결단력이 있다는 말이다(제6편 옹야). 이것은 정치가로서도 중요한 자질인데, 실제로 자로를 부하로 두었던 계자연季子然이라는 사람은 공자에게 자랑스러워하며 이렇게 말하기도 했다. "중유(자로)나 염유는 훌륭한 신하라고 말할 수 있겠지요(제11편 선진)?"

하지만 자로의 '용'은 때때로 지나칠 때가 있어 공자는 그것을 자주 꾸짖었다. 한번은 자로가 공자에게 이런 질문을 한 적이 있다. "스승님께서 대국의 수만 군사를 지휘하신다면 누구와 함께 행동하시겠습니까(제7편 술이)?" 이 말은 질문처럼 들리겠지만 사실은 공자에게 묻고 있는 것이 아니다. 자로는 이렇게 말하고 싶었던 것이다. "군대를 지휘할 때처럼 '용'이 필요한 상황에서는 누가 뭐라고 해도 제가 제일이지요." 스승의 칭찬을 듣고 싶어 하는 마음이 잘 드러나는 장면이다.

그런데 그 질문을 받은 공자의 대답은 이러했다. "맨손으로 호

랑이와 대적하고 배 없이도 강을 건넌다. 그렇게 무턱대고 행동하다 죽어도 후회하지 않는 사람과는 함께 행동하지 않겠다. 일을 앞에 두고 반드시 신중히 생각하고 전략을 짜서 일을 이룰 수 있는 사람과 함께하고 싶구나."

공자는 또 "자로와 같은 사람은 평범하게 죽지는 못할 것이다(제11편 선진)"라는 말도 했다. 자로를 아끼고 그를 속속들이 잘 알고 있는 공자였기에 말할 수 있었던 슬픈 예언이었지만, 불행히도 공자의 말은 그대로 적중했다. 왜냐하면 결국 자로는 위나라의 내전에서 죽임을 당하고 말았기 때문이다. 이것은 공자의 만년을 비탄에 잠기게 했던 일 중 하나였다.

그런 반면, 자로는 성실하면서 이상주의적인 면도 지니고 있었다. 공자가 위나라 영공靈公의 부인인 남자南子를 만났을 때다. 이 남자라고 하는 여인은 그 당시 행실이 문란하기로 유명했는데, 자로는 그것을 상당히 불만스러워했던 것 같다(제6편 옹야).

그래서 공자가 그 부인의 부름에 응하는 모습을 보고 "그런 곳에 가시다니"라고 하며 때때로 불평 가득한 표정을 내비치기도 했다.

또 이런 말도 실려 있다. "자로는 무언가 유익한 말을 들어도 그것을 스스로 실천할 수 있게 될 때까지는 다른 말을 듣는 것을 두려워했다(제5편 공야장)."

그렇듯 자로는 말로만 떠드는 사람이 아니었다. 가르침을 받은 말을 단지 말만으로 끝내지 않았다. 공자가 가르치는 덕을 행동으로 실천하는 사람이었다. 나는 자로야말로 스승의 이름을 더럽히지 않는 제자였다고 생각한다.

문하 제일의 지식인 자공

자공은 '지'의 인물이다. 머리가 매우 비상한 사람으로 공자 학당 바깥에 있던 사람들은 때때로 자공을 공자보다 더 현명한 학자로 생각하기도 했다(제19편 자장). 물론 자공 자신은 이렇게 말하며 그것을 부정했다. "스승님은 내 수준과는 다르다. 스승님의 위대함은 그 범위가 너무나도 크기 때문에 오히려 알기 어려울지도 모른다."

공자도 역시 자공을 두고 이렇게 말했다. "자공은 스스로 적극적으로 재산을 늘린다. 머리가 뛰어나니 잘 예측하고 들어맞는 일이 많다(제11편 선진)." 자공의 머리가 비상하다는 것을 두고 '달達'이라고 표현하기도 했다(제6편 옹야). '사물을 잘 꿰뚫어본다'는 의미로 한 말일 것이다.

'예상이 잘 들어맞아 재산을 늘릴 수 있다'라는 말은 현대사회에서 전형적으로 요구되는 형태의 비상함이라고 할 수 있다. 세상이 어떻게 돌아가는지 정확하게 파악하고, 또 자산운용을 훌륭하게 해내는 사람의 이미지가 떠오른다.

그런데 이 말은 자공의 머리가 좋은 것은 사실이지만, 공자가 보기에 가장 중요한 것은 그것이 아님을 이야기하는 것 같기도 하다.

제11편 선진에는 공자가 안회와 자공을 비교하면서 이런 말을 하는 장면이 나온다. "안회는 인간으로서 이상적인 도리에 가깝고 가난하지만 도리를 즐기는 경지에 이르렀다. 한편 자공은 천명에 안심할 수 없는 성격이기에 재산을 불리는구나."

자공은 현대적인 의미에서 보면 무척 합리주의자였던 것 같다. 어떤 의식을 치를 때 양을 제물로 바치는 것은 무익한 일이니 그만두는 편이 어떻겠냐고 공자에게 제안했다가 꾸지람을 들은 적도 있다(제3편 팔일).

자공은 재산을 늘리는 재주가 있는 데다 메말랐다고 할 수도 있을 만큼 합리적인 사고방식을 지녔으며 남을 날카롭게 비판하곤 했다. 이러한 모습을 보면 더더욱 현대사회에서 이상적으로 여겨지는 '머리 좋은 사람'이라고 생각되지 않는가?

자공에게 부족한 점이 있다면 그건 무엇일까? 자공이 공자에게 군자란 무엇이냐고 물었을 때 공자는 이렇게 대답했다. "군자는 자신의 주장을 먼저 행동으로 나타내고 그다음에 말로써 주장한다(제2편 위정)." 질문하는 상대방에게 맞추어 대답하는 공자의 대화 형식을 생각하면 공자가 자공에게 하고 싶었던 말은 이런 것이 아니었을까? "너도 입으로만 멋진 말을 하지 말고 행동으로써 군자라고 불릴 수 있는 인간이 되도록 하여라."

물론 여기서 말하는 행동이란 재산을 불리는 일이 아니라 인간으로서 훌륭한 삶을 산다는 뜻이다.

앞에서 자로가 스승에게 칭찬을 듣고 싶은 마음에 "스승님은 군대를 지휘할 때 누구와 함께 행동하고 싶으십니까?" 하고 물었다는 이야기를 했다. 자공 역시 스승이 자신을 어떻게 평가하고 있는지 궁금했던 모양이다. 한번은 자공이 공자에게 "저는 어떤 사람입니까(제5편 공야장)?" 하고 질문한 적이 있다.

그때 공자의 대답은 이러했다. "너는 그릇이다." 공자의 대답을 들은 자공은 아마도 깜짝 놀랐거나 꽤 당황했을 것이다.

'아니, 그릇이라고? 도대체 무슨 뜻이지?' 틀림없이 이렇게 생각했을 것이다. 자공이 "어떤 그릇입니까?" 하고 다시 물었다. 《논어》의 다른 편에 보면 공자가 "군자는 그릇이 아니다(제12편 위정)"라고 말하는 장면이 나온다. 이렇게 말한 것을 보면 아마도 공자가 말하는 그릇이란 좋은 뜻은 아니었을 것이다. 스승의 말에 자공이 당황해하는 모습이 전해지는 듯하다.

자공의 질문에 공자는 이렇게 답한다. "호련瑚璉이다." '호련'이란 중요한 제사를 지낼 때 음식을 담는 귀중한 그릇을 말한다. 더 쉽게 풀어서 말하면 '군자라고까지는 할 수 없지만, 중요한 곳에서 중요한 일을 하는 유능한 인재'라는 뜻이 되겠다.

공자를 교육자로서 생각한다면 이런 식의 대답이 무척 재미있다. 처음부터 바로 "군자라고 할 수는 없지만, 유능하다"라는 말을 들었을 경우와 일단 "너는 그릇이다"라는 말을 들었을 경우를 비교해보면 과연 어느 쪽이 더 자공에게 충격이었을까 짐작이 간다.

자공은 평생 그 말을 잊을 수 없었을 것이다. 아마 단순히 꾸지람을 들었다거나 칭찬을 받았을 때와는 다르게 때때로 문득 그 일을 떠올리며 반성하지 않았을까? 자공의 본질, 또 그것을 날카롭게 간파하여 말하는 공자의 능력이 잘 드러나는 장면이다.

마지막으로 덕에 대하여 공자와 대화를 주고받을 때 자공이 《시경》의 문구를 멋들어지게 인용하여 공자에게 칭찬을 받은 장면을 소개하겠다(제1편 학이).

자공이 공자에게 물었다.

"가난해도 아첨하지 않고 부유해도 거만하지 않는 것은 어떻습니까?"

공자가 대답했다.

"나쁘지는 않다. 하지만 가난해도 해야 할 도리를 즐거워하고 부유해도 예의를 좋아하는 것에는 미치지 못한다."

자공이 말했다.

"《시경》에 '자른 듯, 다듬은 듯, 쪼은 듯, 간 듯하다'라는 말이 나오는데, 바로 그것을 말하는 것입니까?"

공자가 말했다.

"자공아, 이것으로 드디어 너와 시를 이야기할 수 있겠다. 하나를 말하면 그다음을 아는구나."

제자가 드러낸 문제의식을 받아들이고 거기에 그 이상을 제시하는 스승. 또한 스승이 들려주는 대답을 시구에 빗대어 훌륭하게 대화를 마무리하는 제자.

이와 같이 공자 학당에서 학문이 이루어지는 모습은 그것을 읽는 자로 하여금 직접 그 즐거움을 느껴볼 수 있게 한다.

이상적인 제자 안회

자로와 자공에 이어 소개할 제자는 안회다. 앞에서 소개한 두 사람도 물론 매우 우수한 제자이지만, 안회는 그들보다 더 높이 평가될 때가 많다. 실제로 안회는 후세 사람들에게 '아성亞聖'이라고 불리기까지 한다. 이는 '성인에 버금간다'는 뜻이다.

안회는 젊은 나이에 요절했는데, 공자는 그의 죽음을 너무나도 슬퍼했다. 《논어》에 '통곡했다'는 말이 나올 만큼, 공자답지 않게 도를 넘어 슬퍼하는 모습에 제자들도 꽤 당황했다. 그러나 공자는 "이 사람을 위해서 몸을 떨며 울지 않는다면 도대체 누구를 위해서 통곡한단 말인가?" 하고 단호히 말한다(제11편 선진). 게다가 안회가 죽었을 때 "아아, 하늘이 나를 멸하셨구나. 하늘은 나를 버리셨다(제11편 선진)"라는 말을 남기기도 했다.

그런 모습을 보면 단순히 애제자를 잃었다기보다 다른 무언가가 있었던 게 아닌가 하는 생각이 든다. 공자는 자신의 도와 학문을 진정한 의미로 이어가고 또 그것을 더 발전시킬 수 있는 사람이 바로 안회라고 생각했음에 틀림없다.

앞에서도 말했듯이, 공자의 학문은 체계를 갖춘 책으로 정리되어 후세에 전해지는 것이 아니라 살아 있는 인간을 통해 계승되는 성격을 지녔다. 그렇기 때문에 공자의 만년에 그런 일을 해낼 수 있을 만한 사람을 잃었다는 것은 공자에게 참으로 통탄스러운 일이었다.

공자는 '학문을 좋아하는' 점에서만큼은 자신이 어느 누구에게도 뒤지지 않는다고 생각했으며 그것을 자랑스러워 한 사람이다. 그렇기 때문에 배움의 의욕이 있는지 없는지를 판단할 때는 자신을 기준으로 하여 꽤 높은 단계를 설정했다. 공자의 학당은 배우고 싶어 하는 마음이 있는 사람들이 모이는 곳이었지만, 그런 곳에서조차 공자가 '배움을 좋아한다'고 말할 수 있었던 사람은 거의 없었다. 그런데 그 예외가 바로 안회였다.

애공哀公이나 계강자季康子가 "제자들 가운데 누가 학문을 좋아한다고 말할 수 있습니까?" 하고 공자에게 물었을 때, 공자는 이렇게 답했다. "안회라는 사람이 참으로 학문을 좋아했습니다. 그런데 불행히도 단명하여 죽어버렸지요. 지금은 진정으로 학문을 좋아한다고 말할 수 있는 사람이 없습니다." 그만큼 안회가 학문을 좋아하는 수준은 남달랐던 모양이다.

하지만 안회가 얼핏 보아서는 뛰어나다는 인상을 주는 사람은 아니었던 듯해서, 공자는 이렇게 말하기도 했다. "안회는 하루 종일 대화를 나누어도 아무런 반론도 하지 않으니 얼핏 보면 어리석어 보인다. 하지만 대화를 끝내고 일상생활에서 안회의 행동을 보

면 나의 참뜻을 제대로 실현하고 있구나 하고 느낄 수 있다. 안회
는 어리석은 데가 없다(제2편 위정)."

제대로 알아보는 사람의 눈에는 안회의 우수함이 잘 보였을
것이다. 공자가 자공에게 "너와 안회 둘 중에 누가 더 뛰어나다고
생각하느냐?"라고 물었을 때, 자공은 이렇게 답했다. "저 같은 사
람이 어찌 안회의 수준을 바라겠습니까? 안회는 하나를 들으면 열
을 이해하지만, 저는 하나를 들으면 둘을 알 정도입니다(제5편 공
야장)." 이 말에서 우리는 안회의 뛰어남을 알 수 있을 뿐 아니라
자공의 재치와 타인의 능력을 솔직히 인정하는 훌륭함 또한 잘 알
수 있다.

이처럼 안회는 분명히 매력적인 인물이기는 하지만, 지금 이
시대에 우리가 《논어》를 읽으면서 안회와 공자를 비교해보면 두 사
람은 확실히 스케일의 크기가 다르다. 말하자면 인간적인 박력에
서 아무래도 안회가 공자에게 못 미치는 부분이 있음이 느껴진다.

공자가 안회를 평했던 말 중에 가장 잘 알려진 말이 있다.

"어질구나, 회야! 한 그릇의 밥과 한 바가지의 물을 마시면서
좁은 골목길에서 사는구나. 다른 사람들은 그런 생활의 어려
움을 이기지 못할 텐데, 그런 가난한 삶 속에서도 회는 변함없

이 편안한 마음으로 삶을 즐기고 있다. 어질구나, 회야!"
—제6편 옹야

분명 안회는 훌륭한 인물이다. 하지만 공자가 위와 같이 말한 것을 본다면, 안회가 내성적이고 순수할지언정 실무 능력, 즉 정치 능력을 갖추었느냐 하는 질문에는 왠지 확신에 찬 대답을 하지 못하는 것도 사실이다.

공자의 학당은 행정관료나 정치가를 양성하는 직업훈련소와 같은 역할도 했다. 그런데 제자들 가운데에서도 남달리 뛰어났던 안회가 정무를 맡아서 수행한 흔적은 보이지 않는다. 또 스스로도 적극적으로 일을 구하려고 활동했다는 생각은 들지 않는다.

물론 정치세계에 본격적으로 발을 들이기도 전 젊은 나이로 죽어버렸기 때문일 수도 있다. 하지만 그렇게 우연히 일어난 사정과는 별도로 본질적으로 안회는 정치에 어울리는 사람이 아니었을 것 같다는 인상을 지울 수가 없다.

이 책에서 나는 공자의 학문이 사회와의 관계 속에서 활용하는 실천적인 것이라고 말했고 또 그 의의를 강조해왔다. 하지만 사실 공자 역시 가끔은 사회 속에서 맺어야 하는 관계에서 벗어나 느긋하게 자신의 즐거움만을 위한 학문을 하고 싶다는 마음이 있지 않았을까? 그래서 홀로 조용히 살면서 이런저런 세상사 때문에 번거로워하지 않고 자신의 도리를 즐기며 살아가는 안회를 보면서 '저렇게 살고 싶은 또 다른 자신'의 이상을 투영했던 것은 아닐까?

가난한 생활 속에서도 편안한 마음으로 삶을 즐기는 안회를 보면서 "어질구나"라는 말을 두 번이나 거듭하며 칭찬하던 공자는 자신도 역시 젊은 시절 찢어지게 가난한 삶으로 인해 고생을 겪기도 했다.

"댁의 스승은 뭐든지 할 수 있군요." 자신의 제자에게 누군가가 자신을 그렇게 칭찬했다는 말을 전해들은 공자는 조금 우쭐한 마음으로 이렇게 말했다. "나는 젊었을 때 비천했다. 그래서 시시한 일도 많이 할 수 있게 되었다(제9편 자한)." 아마도 공자는 살아가기 위해서 마음에 내키지 않은 일도 많이 해야 했을 것이고 그것을 스트레스로 여겼을 수도 있다.

그런 모든 일을 종합해서 생각해보면 어쩌면 공자가 안회를 보는 시선에는 '동경'과 같은 마음이 담겨 있지 않았을까 하는 생각이 든다. 안회도 물론 당연히 공자에게 강렬한 동경의 마음이랄까, 구심력 같은 것을 느끼고 있었다.

"스승은 우러러보면 볼수록 점점 더 높아지고, 자르면 자를수록 더더욱 바위처럼 단단해져 도저히 다다를 수가 없다. 내 앞에 계시다고 생각하면 이미 뒤에 계신다. 자유자재로 모습이 변하시니 잡기가 어렵다. 스승은 차례대로 제자들을 이끌어 가신다. 책을 통해 나의 지식과 견식을 넓혀주시고, '예'를 통해 나의 행동과 정신을 바로잡아주신다. 스승에게 가르침을 받는 것이 기쁘니 나는 학문을 그만두려고 해도 그만둘 수 없다. 이제 내 재능과 능력이 끝을 다했지만, 스승은 내 앞에서 점점 더 높이 우뚝 서 계시는구나. 따라가고자 마음먹어도 어찌해야 좋을지 알 수가 없다."

−제9편 자한

학문을 향한 열정을 끈으로 하여 두 사람이 서로 끈끈하게 사제지간으로 맺어진 모습이 잘 드러나는 장면이다.

실무가 염유

지금까지 소개한 세 사람은 제자들 가운데서도 가장 잘 알려져 있고 각각의 개성도 뚜렷한 인물들이다. 그러나 그 밖에 다른 제자들도 그들이 등장하는 장면들을 유심히 살펴보면 저 나름대로 독특한 인물상이 떠올라 《논어》 읽는 재미를 더해준다. 지금부터는 소위 말하는 '조연(물론 《논어》에 등장한다는 것만으로도 주연이라고 말할 수 있겠지만)'의 역할을 담당하는 제자 몇 명을 다루어볼까 한다.

먼저 염유를 소개하겠다. 염유는 논어 속에서 '정사에 뛰어난 인물'로 이름이 거론되기도 하고(제11편 선진) 또 행정관료나 정치가로서 활약하는 장면이 자주 등장하는 것을 보아 매우 유능한 실무가였다는 사실을 짐작할 수 있다. 공자는 《논어》에서 염유의 능력을 인정하며 이렇게 말하기도 했다.

"염구(염유)는 천 호戶를 다스리는 경대부 등의 대갓집에서 가신들의 우두머리가 될 만한 능력이 있습니다(제5편 공야장)."

"염구는 재주가 많으니 충분히 정치를 할 수 있습니다(제6편 옹야)."

그런데 《논어》에서 염유가 등장하는 장면을 보면 덕을 실천하는 장면에서 공자에게 야단을 맞는 모습이 종종 눈에 띈다. 노나라의 가로家老(가신의 우두머리─옮긴이)인 계씨가 자신의 신분에 넘치는 의식을 치르려고 했을 때다. 그때 염유는 계씨 집안의 집사로 있었는데, 공자가 이렇게 물었다. "네가 그 일을 그만두게 할 수는 없느냐?" 그러자 염유는 할 수 없다고 대답했다. 공자는 이를 슬퍼했다(제3편 팔일).

또 공자의 제자 자화子華가 제나라의 사신이 되어 떠났을 때의 일이다. 그때 혼자 남은 자화의 어머니에게 쌀을 드린 적이 있는데, 염유가 독단적으로 결정하여 쌀의 양을 늘렸다. 공자는 그것을 못마땅해하며 염유에게 이렇게 말했다. "적(자화)이 제나라로 떠날 때 보니 훌륭한 말을 타고 가벼운 털옷을 입고 있었다. 내가 알기로 군자는 가난한 사람을 도우는 것이지, 부유한 사람에게 더해주지는 않는다(제6편 옹야)."

게다가 염유는 계씨의 집사로 있을 때 백성들로부터 세금을 거두어 자신의 부를 늘리는 일에 힘쓰기도 했다. 이때 공자는 대단히 강한 어조로 그를 비난하며 이렇게 말했다. "이제 더 이상 내 제자라고 할 수 없다. 너희들은 북을 두드려 염구의 죄를 말하고 그를 나무라도 좋다(제11편 선진)."

이렇게 염유는 매우 유능한 인재였지만 때때로 도리를 벗어나는 행동을 하기도 했다. 이것은 소위 유능하다고 하는 사람에게서 자주 볼 수 있는 특징이기도 하다.

물론 자신의 능력에 자신감을 가지는 것도 중요하고 상황을 주시하면서 때로는 자신의 판단으로 일을 결정하는 것도 필요하다. 하지만 가끔씩 그런 상황이 닥치면 나는 혹시 염유와 같이 행동하고 있지는 않을까, 공자가 내 스승이었다면 이런 나를 야단치지는 않았을까 하고 생각해본다. 그런 관점에서 염유가 등장하는 장면을 다시 읽어보면 분명 무언가를 발견할 수 있을 것이다.

또 이런 이야기도 나온다.

염구가 말했다.

"스승님의 도리를 배우는 것은 기쁘게 생각하지만, 아무리 해도 제 능력이 부족하여 아직도 몸에 익히지 못했습니다."

그러자 공자가 이렇게 말했다.

"정말로 능력이 부족한 사람은 할 수 있는 만큼 하다가 도중에 힘이 다해 그만두는 사람을 말한다. 그렇지만 너는 아직 온힘을 다하지 않았다. 지금 너는 스스로 네 자신의 한계를 미리 정해놓고 끝까지 다하지 않은 데에 대한 변명을 하는구나."

-제6편 옹야

나는 대학에서 《논어》를 교재로 하여 학생들을 가르치고 있는데, 이 이야기는 대학생들 사이에서 가장 인기 있는 장면이다. 아마도 공자의 말을 읽으면서 자신의 경험이 떠올라 스스로 느끼는 바가 있어서가 아닐까? 시모무라 고진이 쓴 《논어 이야기》에서는 이 이야기가 마음속 깊이 절절하게 남는 이야기로 묘사되어 있는데, 그 역시 학생들이 좋아하는 부분이기도 하다.

마지막으로 염유의 명예를 위해서 한마디 덧붙이자면, 염유는 공자가 만년에 방랑생활로 계속 떠돌아다녔을 때 노나라의 관리로 일하고 있는 자신의 지위를 이용해 스승이 돌아올 수 있도록 계획을 짜고 있었다고 한다(《공자가어孔子家語》).

꾸지람을 듣는 재아

《논어》에 나오는 제자들 가운데 가장 손해를 많이 보는 역할이 있다면 아마도 재아가 아닐까 한다. 게으름을 피우며 낮잠을 자고 있는 재아를 보고 공자가 이렇게 말한다. "썩은 나무에는 조각할 수 없다. 다 무너져가는 담장은 덧칠을 한다고 해서 원래대로 복구할 수 없다. 재여(재아)를 야단쳐도 이제는 소용이 없다." 스승에게서 썩은 나무와 무너져가는 담장 취급을 받고 있는 장면이다.

뒤이어 공자는 이런 말까지 덧붙인다. "예전에 나는 사람을 대할 때 그 사람이 하는 말을 들으면 그 행동까지 믿었다. 지금은 사람을 대할 때 그의 말을 듣는다고 해도 행동까지 보고나서 판단하게 되었다. 재아의 이런 모습 때문에 내 생각이 그렇게 생각이 바꿘 것이다(제5편 공야장)." 공자가 교육 방침을 바꾸었을 정도로 역사에 남을 만한 낮잠이 된 셈이다.

또 다른 일로 재아는 공자를 언짢게 만든 일도 있었다. 노나라의 애공이 땅의 신목神木을 무엇으로 하면 좋을까 하고 재아에게 물었다. 그때 재아가 이렇게 대답하는 바람에 공자의 기분을 상하게 한 적도 있다. "주나라에서는 밤나무栗를 신목으로 사용했습니다. 이는 사社에서 사형을 행할 때 쓰는 것으로 백성들을 두려움에 떨게戰栗 하기 위해서이기도 합니다(제3편 팔일)." 또 《논어》 17편 양화에서는 "부모가 돌아가셨을 때 삼년상은 너무 길다고 생각합니다. 일 년이면 충분합니다."라고 말하기도 했다.

그런 반면 재아는 자공과 함께 '언어에 뛰어난 사람(제11편 선진)'으로 묘사되어 있을 만큼 머리가 비상하고 말솜씨가 출중했다. 다만 사려나 인정이 다소 부족하지 않았을까 생각한다.

공자는 "말재주가 뛰어나고 얼굴을 잘 꾸미는 사람치고 어진 사람은 드물다(제1편 학이)"라는 말을 했다. 어쩌면 '교언巧言(말재주가 좋은 것)'이라는 말을 하면서 자신의 제자 재아의 모습을 구체적으로 떠올리지 않았을까 하는 상상을 해본다.

어쨌든 《논어》에는 재아의 말이나 행동이 이렇게 글의 형태로밖에 남아 있지 않기에 본인 입장에서는 조금 손해를 보는 것 같은 생각도 든다. 하지만 어쨌든 우리는 공자의 꾸지람을 들으면서 이를 반면교사로 삼아 스스로를 되돌아볼 수 있다.

우리는 《논어》를 읽고 자신의 성격을 되돌아보면서 이런저런 단점이 많은 존재라는 것을 알게 된다. 자신의 약점을 공자의 제자들이 지닌 약점에 비추어보면서 《논어》를 읽어보라. 듣기에 껄끄러운 소리처럼 생각될지도 모르지만 공자의 말 하나하나가 우리의 마음속으로 깊이 파고들어올 것이다.

그렇게 《논어》를 읽는 것도 좋은 방법 중의 하나다.

《논어》를 다시 읽다 보니 메이지유신 때 일본인의 정신에 대해 한 가지 머릿속에 떠오르는 것이 있었습니다.

　메이지유신이라고 하면 일본 역사상 최대의 변혁이라고 할 수 있는 일인데, 그 변혁을 탄생시킨 정신적인 지주는 《논어》의 영향이 짙게 배인 유교에 의해 키워진 것이 아닐까 하는 생각이 들었습니다. 그리고 그 정신의 강력한 영향력은 메이지유신이 지난 후에도 한동안 이어져 일본이 굳건해지는 데에 큰 역할을 해주었던 것 같습니다.

태평양전쟁이 끝난 후, 연합군 최고사령부 최고사령관이던 맥아더가 당시의 총리대신이었던 요시다 시게루에게 이런 말을 했다고 합니다.

> "내가 예전에 러일전쟁 때 일본 장군을 본 적이 있는데, 그들은 매우 품격이 있었소. 하지만 이번 전쟁을 지휘한 장군들에게 그런 품격 있는 모습은 볼 수 없었소. 그건 도대체 왜 그런 것이오?"

이 질문을 요시다를 통해서 들은 철학자이자 사상가였던 와쓰지 데쓰로는 이렇게 감상을 말했다고 합니다. "러일전쟁 무렵의 장군들은 《논어》나 《맹자》 등의 고전으로 교육을 받아 그것을 통해 인격이 형성된 다음에 서양의 군학을 배웠다. 하지만 이번 전쟁을 지휘한 장군들은 처음부터 교육칙어敎育勅語나 군인칙유軍人勅諭 등으로 교육을 받았을 뿐 논어나 맹자를 소독素讀(글 뜻을 몰라도 음독으로만 익히는 방법-옮긴이)으로 읽는 연습을 하지 않았을 것이다. 맥아더가 느낀 그 품격의 차이는 바로 거기서 유래하지 않았을까 싶다."

또한 작가인 시바 료타로는 《언덕 위의 구름》이라는 소설에서 메이지시대의 일본인을 매우 높이 평가하고 있지만, 그 후로는 일본이 점점 이상해졌다고 여기는 듯합니다. 이것도 역시 맥아더가 느낀 점과 비슷한 데가 있다고 생각합니다.

물론 이런 예는 정치가들에게서만 보이는 것이 아닙니다. 평론가 가라키 준조는 문학자들을 이렇게 평하기도 했습니다. 그는 나쓰메 소세키나 모리 오가이까지의 문학자들을 '소독 세대'라고 불렀는데, 이것은 물론 《논어》나 《맹자》 등의 고전을 음독으로 읽으며 인격을 형성했던 세대라는 말입니다. 한편 아쿠타가와 류노스케나 그 이후의 문학자들을 가리켜 '교양 세대'라고 불렀습니다. 이렇게 문학자들을 양쪽으로 구분하는 데에는 커다란 계기가 있습니다. 양쪽이 전혀 다르다고 보는 감각이 있었던 것이지요.

그렇게 생각하면 일본의 교육사에서 고전을 음독했는지 하지 않았는지는 중요한 하나의 전환점이라고 할까요, 경계를 만들었다고 볼 수 있습니다.

대충 표현하자면 《논어》를 음독으로 읽지 않게 되면서부터 교과서가 점점 유치해졌다고 말할 수 있을지도 모릅니다. 그리고 그것은 지금 현대사회에까지 이어지고 있는 경향이기도 합니다. 예를 들어 지금 초등학교 사학년 교재를 보면 《곤기츠네》라는 글이 실려 있습니다. 물론 《곤기츠네》는 아동문학으로서는 훌륭한 작품이지만, 사학년 과정에서 다루기에는 너무 쉬운 내용이라고 생각합니다. 일학년에서 다루어도 충분한 정도의 수준입니다. 실제로 저는 교과서 개선을 위한 위원으로 이러한 문제를 좀 더 개선해가려고 노력하고 있지만, 좀처럼 그러한 제안은 통과되지 않습니다. 오랫동안 그런 경향이 계속 이어져왔기 때문이지요.

《논어》의 음독 읽기를 부활시키자는 말을 꺼내면 아마도 그런 케케묵고 시대에 뒤떨어진 도덕을 왜 복권하려는 것이냐며 못마땅해하는 사람도 있을 것입니다.

사실 《논어》 정도의 책이라면 그 영향력도 거대하기 때문에 단순히 좋은 영향을 받았다느니 나쁜 영향을 끼친다느니 하는 식으로 간단히 평가를 내릴 수는 없습니다.

그리고 분명 지금 사회에서는 통용되지 못하는 사고방식이 들어 있는 것도 사실입니다. 그 대표적인 예가 바로 '여자와 소인은 키우기가 힘들다(제17편 양화)'라는 말입니다. 저는 이 말을 '교육을 받지 못한 여자나 소인들은 다루기가 어렵다. 가까이 하면 제멋대로에 버릇이 없고 멀리 하면 불평을 말하고 원망한다'라는 뜻으로 해석했습니다. 물론 여러 가지 해석의 여지가 있을 수는 있겠지만, 기본적으로는 현대사회에서 배워서는 안 되는 사고방식입니다. 아무리 공자라고 해도 시대의 제약을 벗어날 수는 없었을 테니 이런 결점도 있다는 것을 솔직하게 인정해야 할 것입니다.

하지만 그렇다고 하더라도 그 큰 줄기는 바르다는 점, 또 권위로써 어떤 생각을 강요하는 것이 아니고 매우 개방적인 사상이 담긴 책이라는 점을 생각하면 저는 지금도 충분히 현대인들의 중심축이 될 수 있다고 생각합니다.

또 하나 《논어》의 강점이라고 할 수 있는 것은 그것이 사물을 구축해갈 때 기둥이 된다는 점입니다. 예를 들면 니체의 말은 인간을 자유롭게 하고 용기를 북돋우게 하는 훌륭한 것이라고 생각하지만, 그것이 인생을 위한 배움에서 가장 먼저 자리를 차지한다고는 보기 힘듭니다. 니체의 사상은 투쟁의 사상이며 그러기 위해서는 먼저 적이 상정되어 있어야 합니다. 니체 자신이 상정한 적은 그리스도교였습니다. 그리고 노장사상 역시 매력적인 사상이기는 하지만 이것 역시 반反 유교라는 성격을 먼저 지니고 있습니다.

다시 말해 이런 사상들은 모두 그것이 성립하기 위해서는 대립하는 것이 필요한 사상이라는 말입니다. 이렇게 대립하는 무언가가 필요한 사상으로는 토대를 쌓기가 어렵습니다. 또한 그 대립물이라는 것도 일단 표준이 되는 것이 존재하고서야 비로소 생겨나는 것입니다.

그런 점에서 유교의 기초가 되는 《논어》는 당연한 것의 중요성이 무엇인지 똑똑히 가르쳐줍니다. '인', '의', '신', '용' 등의 중요성을 논하는 일이 언뜻 보기에는 무척 촌스럽게 여겨질지도 모르겠지만, 하나하나의 말 속에 숨겨진 것은 결코 낡고 진부하지도, 시시하지도 않습니다. 지금도 생생히 살아 있는 '힘'을 지니며 우리의 삶에 큰 영향을 미치며 우리를 성장하게 해줍니다.

그렇기 때문에 지금 우리는 더더욱 《논어》를 읽어야 한다고 생각합니다. 이 책이 여러분을 그 길로 들어서도록 안내해줄 수 있는 역할을 할 수 있다면 무척 기쁠 것입니다.

내가 논어에서
얻은 것

2016년 6월 20일 초판 1쇄 인쇄
2016년 6월 24일 초판 1쇄 발행

지은이 | 사이토 다카시
옮긴이 | 박성민
발행인 | 이원주
책임편집 | 이연수
책임마케팅 | 이지희

발행처 | (주)시공사
출판등록 | 1989년 5월 10일(제3-248호)

주소 | 서울시 서초구 사임당로 82(우편번호 06641)
전화 | 편집 (02) 2046-2850·마케팅 (02) 2046-2846
팩스 | 편집·마케팅 (02) 585-1755
홈페이지 | www.sigongsa.com

ISBN   978-89-527-7627-3   03100